你愛自己的方式，定義了別人愛你的樣子

相知相愛是關係幸福的起點，
心理諮詢師帶你脫離不健康的相處模式，
找回愛自己與愛他人的能力

叢非從 ◎著

高寶書版集團

前言　什麼是被愛？ 7

Lesson 01
改變他人無效和有效的方式

01 指責：威脅與懲罰 20
02 講道理：教育和建議 31
03 討好：妥協與忍讓 43
04 迴避：逃避與放棄 53
05 改變他人的小技巧 64

Lesson 02
從三方面經營好關係

01 思考關係，而非思考問題 78

目　錄
Contents

02 提升自己的魅力 87
03 製造親密感 101
04 有效使用承諾 113

Lesson 03
在關係中，如何獲得更多的愛

01 如何被重視 128
02 如何被尊重 143
03 如何被理解 157
04 如何被認可 169

Lesson 04
為何不被愛會這麼難受

01 被愛的功能 188

02 被愛可以解決苦、累、難 197
03 被愛可以解決孤單 206
04 被愛讓人有價值感 217
05 被愛讓人敢做自己 228

Lesson 05
停止證明自己不被愛

01 選擇性注意：發現愛，而非發現不愛 240
02 解讀：不被愛，是一種被害妄想 251
03 泛化：否定的多米諾骨牌效應 263
04 翻舊帳：尋找不被愛的證據 275
05 勾引：別人怎麼對你，50％是你促成的 285
06 不被愛的好處：熟悉比幸福更重要 295
07 移情：尋找強迫性重複的原因 305
08 療癒：好的婚姻治癒童年，壞的婚姻重演童年 312

目　錄
Contents

Lesson 06
被愛，並不是非他不可

01 怎麼樣才算對的人 322
02 把錯的人變成對的人 328
03 學會對人滿意的能力 336
04 親密關係的四個危險性 344
05 愛的30％來自社會支援系統 353
06 愛的40％來自自我支援系統 360
07 更深的愛自己 366

前言　什麼是被愛？

愛的標準

愛有兩個標準：利他動機，以及帶來好的感受。

你愛一個人，就會希望他更好，於是你為他做了一些事、說了一些話，他體驗到了開心、感動、安心、輕鬆、愉悅、幸福、寧靜、平靜等正向感受，他便體驗到被你愛著。

這兩個標準很重要，因為一些「非愛行為」被強行打上名為「愛」的標籤，反而會帶來痛苦和矛盾。

愛從來不以行為作為判斷，比如說好聽的話、送他禮物、陪他逛街等等，這些是愛嗎？一個男性喜歡一個女性，就天天送花到人家辦公室，但這位女性可能會感到被騷擾而不是感動——顯然這不是愛。有些人送禮物時，讓你感覺他對你有所企圖所以才這麼殷勤，這時候你的感覺並不會因此變好，那這也不是愛。

有人對你說好聽的話，你體驗到的可能是對方的油膩。一些誇獎的話在別人看來可能是挑逗，在另外一些人看來則可能是罵人。那麼，這時候好聽的話就是一種傷害。

有很多媽媽會自責自己陪孩子的時間不夠，下班後也不去社交、不去充電，趕緊跑回家陪孩子一起寫作業。這是愛嗎？這種陪伴如果不能給孩子帶來正向感受，那就是傷害。

一個看起來是在表達愛的行為，如果缺乏了接受者的正向感受，這個行為就不能稱之為愛。這些帶來負面感受的行為一旦被付出者識別為愛，他就會覺得委屈：「我為你好，你為何不接受」；一旦被接受者識別為愛，則會覺得內疚：「他也是為了我好，我怎麼可以排斥他呢？」

這種愛，算是愛嗎？

那指責、控制、批評、威脅、講道理等行為，表面上是在否定一個人，那麼這就是不愛了嗎？有很多指責被視為愛，比如家長和老師們的諄諄教誨、耳提面命。當頭一棒並不一定會讓人感受變差，實際上當對方識別到你的呵斥是在為他好的時候，他的感受是幸福的。

疫情期間，很多天使在工作崗位上堅持。如果愛他，上司會強制他休息，這時候便形成了控制。天使們有時無奈接受了這種控制，但上司體驗到的感受是「我在保護你」。此刻，控制對他們來說就是愛。

伴侶之間有很多責怪，對方可能感受到的是滿滿的心疼，從而有滿足感。有很多人找對象就是想找個能管自己的人，能給自己很多道理上指點的人。當伴侶的控制和道理讓他們感到自己是被在乎的時候，他們就體驗到被愛了。

也許你會覺得，從這兩個角度來定義，愛的標準很高，其實愛經常發生在你的身邊。比如，你上樓梯的時候拿不動行李，陌生人幫助你，你感受到了溫暖，那你就體驗到了被愛。你回家的時候對著做好飯的伴侶說一句「你辛苦了」表達感謝，對方聽了也真的感覺到開心，那他就是被你愛了。

有時候你會覺得委屈又無奈，自己在努力做付出、利他的事情卻沒有被對方領情，這可能是因為你的付出裡夾雜了很多利己的動機，這些動機比你的利他意圖更濃烈，以至於完全掩蓋了你的利他動機。

比如說，你發脾氣可能是為對方著急，很想關心對方，或是你看著對方笨笨的樣子很替他擔心。如果是純善意的著急，對方會感知到，能給你正回饋；如果你的脾氣裡夾雜了「你要認同我、尊重我、順從我，不然我很生氣」的情緒，對方會感受到自己被索取，就想抗拒你。

有的父母、長輩會給孩子零用錢，他們在給錢的時候，又同時教育對方，告訴對方賺錢不容易、應該省著花。這些大道理其實是在表達「我能給你錢，你看我多麼重要、多麼有價值」。

如果你的付出摻雜的利己動機過多，對方的體驗就會變差，這就不是愛了。我並不是說，你在關係中有利己的動機不好。關係中的利他和利己其實同時存在，從來沒有人能一直無私到在關係裡只利他不利己，這不符合能量守恆定律，牛頓也不同意。

問題是，你在做利己的事，但你沒有覺知，你偉大地覺得自己在純利他。這時候，你們對彼此的認知就會有差異而產生矛盾：很多付出者傾向於意識到自己的利他而委屈，而接受者更多感知到的是付出者的利己而憤怒。

愛的反面是被愛。在關係中，你也渴望被愛，所以你處理關係時，會有大量的利己動機。利己很正常，只是你要知道：除了在付出愛，你更「渴望被愛」。

索取愛的方式

更多時候，你會做很多令人抓狂的事，無非是想索取愛。

當你建立某個關係，覺得對方應該給你愛，可是他沒有給你足夠的愛時，你會指責、講道理，你會買禮物、說好聽的話，你跪下來求他、你搧自己耳光，你會嘗試做很多很多的事，企圖強迫對方給你一點愛。

在平時，你可能會努力變優秀以得到一些人的愛，或者是你會渴望有更多的社交，渴望加入某個圈子，害怕被排擠，以得到更多人的喜歡。

渴望被愛的感覺，有時候像對毒品的渴望一樣，會讓你迷失自我。你嘗試了很多方式吸引和改變他人，但又屢屢受挫，然後更沮喪，接著開始懷疑自己是不是不值得被愛。

被愛這件事，有時候是種運氣，愛會突然降臨在你身邊。比如下雨了，你沒有傘，你不知道該不該衝出去，突然有把傘遮在了你的頭頂上，你體驗到了感動，那你就是幸運的——你突然被愛了。

更多時候，不被愛則是常態。即使你結婚了，即使你有穩定的關係，但是當你需要被愛的時候，那一刻你回望四周，還是只有你一個人在面對痛苦。

我的看法是，你並不是不被愛，也不是沒人愛你，也許是你對愛的認識和方法出了一點問題，你可能喪失了一種名為「被愛」的能力。

被愛的能力

愛是一種能力，被愛更是一種能力。

被愛從來都不單純是運氣，你並不是只能坐在那裡等著命運之神安排有人來愛你，你有很多種方式可以去創造被愛的機會。我想透過這本書，在以下幾個方面跟你分享被愛這種能力：

第一課，改變他人。我會跟你分享，為什麼有些人會透過一些無效的方式來改變他人索取愛的方式，他們可能是在指責、講道理、討好、逃避，這樣的方式為什麼無效，以及相對有效的方式是什麼。

第二課，關係層面。你在關係中遇到的矛盾不僅是那件事的問題，而是你們的關係已經出問題了。我會邀請你從關係層面思考問題，並從魅力、親密、承諾三個方面提升關係品質。

第三課，如何被愛。被愛沒有明確的行為或標準，具體來說分四個方面：被重視、被尊重、被理解、被認可。我會跟你分享如何得到以及如何給予他人這四種愛，讓你們都能更直接地感受到被愛。

第四課，理解被愛。我教的方法也不一定能讓你修復關係，關係是被愛的管道之一，但不是唯一途徑。比起是否被他人愛來說，理解自己為什麼如此渴望被愛也很重要，這意味著你可以有新的方法讓自己被「自己」愛。

第五課，發現愛、創造愛。你以為不被愛是被動的，其實是你無意識做了很多事導致了你不被愛。你可以停下來，發現你是如何創造不被愛的體驗的，並讓被愛進入正循環，創造愛。

第六課，愛自己。愛自己有很多管道，我們嘗試從不同角度來愛自己。你要記得一句關於愛自己的核心：「讓自己舒服」是愛自己的終極答案，也是解決一切矛盾的終極答案。

愛與被愛的關係

被愛很重要，這值得學習。

沒有人可以完全照顧好自己，所以人人都需要被愛。

被愛可以讓一個人飽滿自我。在這種狀態下，你會更喜歡自己，會積極生活，積極做事，更熱愛這個世界，會感受到幸福。

如果你覺得對什麼事都提不起興趣，人生沒有意義，或你覺得生活有些糟糕，覺得自己做什麼都做不好，其實你可能只是缺愛。當你感覺到自己狀態不好時，你一定要知道：

此刻，你需要去尋找一些愛來滋養自己，而不是坐在原地強迫自己堅強，也不是停留在自己的世界裡自怨自艾。

最後才是愛人。思考自己如何被愛也會幫助你學習如何愛別人，如何讓別人體驗到被愛，這就是你愛的能力。一個人只有先學會了被愛，才能學會愛人。很多教人如何去愛的書非常精彩，但很難執行，我認為他們缺了一個非常重要的步驟——先讓自己被愛。

「愛」與「被愛」是所有關係中都存在的議題，所以我們這本書的討論適用於你所建立的各種關係。親密關係是一種特殊的關係，合作性強、接觸密切、情感刺激強烈，所以我會用相對更多的篇幅去談論親密關係。

為了讓你能夠更好地學習，每一節課後面都有設計練習。你可以學習一個概念後，馬上透過練習去內化它。即使不是每一個練習都能給你深刻的啟發，但當你做完所有練習後，一定會有一些題目能讓你對「被愛」這件事有更深的體悟。如果你還有些困惑，也歡迎你走入我們的課堂，我們可以以一種面對面互動的方式來探討如何讓你被愛。

關於思考與練習

當你在關係裡遇到不開心的時候，就可以使用每節課後面的練習。它可以幫你從二十七個角度仔細咀嚼你在關係裡的模式，思考你在關係裡遇到的隱藏問題。以下是關於練習題的八個解釋和建議，可以幫助你更好地運用它們：

1. **認真：**每節課的題目都是精心設計，對於每一節，一目掃過只需要一秒鐘，閱讀完畢需要二十秒，粗略回答需要五分鐘，認真回答則需要二十分鐘以上。因此，認真完成二十七個關卡需要幾個小時甚至幾天之久。你不必一次做完，做精比做多更有意義。你可以根據感覺，隨便翻到哪一頁，然後做這一節背後對應的題目。你也可以根據你的感覺找到相對符合的章節，做相關的題目。

2. **雙向：**大部分關卡分為兩部分——轉化自己和理解他人，轉化自己是為了讓你更好地理解自己，以知道如何處理關係，或者如何放下傷痛。理解他人要更難一點，這意味著要換位思考，找到合適的相處之道。如有困難，你可以只做轉化自己的部分。

3. **靜心：**做一次心理諮詢需要幾千元，我設計了這些題目，相當於自助心理諮詢。免費的好處是省錢，壞處是耗費腦力。你需要靜下來和自己認真對話，才會有很大的收穫。相信我，這一切都值得。

4. **跳過：**當然，你會有一些問題是沒有答案的，可能是你不明白或不完全符合。沒關係，不必勉強，跳過這一題或跳過這一關即可，可以去翻到任何一頁去做其他題目。只要有幾個核心問題命中你的心門，可以帶來人生的改變，那就是值得的。

5. 他人：如果可能，建議你邀請另一個人把這些題目念給你聽，然後你來作答，在一來一回中有了互動，你的思考會更加積極和開放。同樣，這些問題你也可以拿來幫助別人。還是有不懂的地方，你也可以來問我，雖然我不一定回答。

6. 理論：當你有不會答或是有所反思的部分，建議你回到相應的章節閱讀內容。在理論裡有解釋和案例，可以啟發你的思考，並鞏固對概念的理解。

7. 目的：修復關係並不是目的，只是途徑，真正的目的是幸福——被愛讓你幸福。有的題目做完會讓你有更深的悲傷和無奈感，感覺無法修復或不想修復，那恭喜你距離認識真相更近了一步。放棄幻想、接納現實，才是更快找到被愛方式的路。

8. 決定：根據你的本能反應對關係做出應對，只需要幾秒鐘就可以完成。停下來思考關係和你自己，則需要克服很多阻力才能推進一點點。和水一樣，傾瀉而下只需要幾秒鐘，逆流而上則需要很大力氣。本能反應的傾瀉只會讓你一直重複，復盤[1]思考則可以讓你的人生逆流而上。

1 棋類術語，對局完畢之後分析棋局的過程和結果，此指回顧關係中的相處情況，從經驗中學習、成長。

當你在關係中感到痛苦，只需要一個動作就可以應對：停下自動反應，做練習題。那停不下來怎麼辦？等停下來的時候再來做，不是非要在情緒最激動的時候勉強自己思考。任何時候都不晚，因為對下次你掉進類似的情境裡來說，這次就是提前準備。

不同關卡之間有些重複的題目，目的是當你只做某個關卡的時候不至於遺漏重要資訊。每關最後有一個總結問題，你可以自己做個總結，包括這個過程帶給你的感覺、你怎麼看待這樣的自己、你所產生的領悟或想法、你做出的決定，都可以。

Lesson 01
改變他人無效和有效的方式

01 指責：威脅與懲罰

指責常見的方式

第一種常見索取愛的方式是「指責」。這是一種以暴力方式迫使對方改變，從而滿足自己的方式。這種方式的核心邏輯就是：「你讓我很生氣，後果很嚴重」，因此指責也叫威脅和懲罰。為了實現這一目標，指責者通常有三種常見的方式：

1. 熱暴力

熱暴力包括否定、打擊、挑剔、抱怨、批評、嘲笑、嫌棄、罵人、說狠話、發脾氣、動手打人等。這是一種透過語言和肢體暴力的方式直接懲罰，企圖強行扭轉對方的行為。

熱暴力者喜歡人身攻擊，怎麼讓對方難堪怎麼說。有的人受不了伴侶太晚回家，就會開罵：「你不肯整天待在家，不如死在外面算了！」有的父母會用最難聽的話來形容自己的孩子「養頭豬養肥了還能賣肉吃，養你這麼大有什麼用！」俗話說「打人不打臉，揭人不揭短」，但指責者才不管這些，指責者熱愛的是：哪裡疼我就戳你哪裡。

熱暴力者還喜歡用言語威脅對方，最常用的手段就是放棄關係，一有不滿就說分手、離婚、沒辦法在一起了、封鎖吧、刪除。你也不是真的想要離婚，你只是想威脅他去做事情。還有人喜歡拿放棄事情來威脅，比如說兩個人約好了一起出門旅遊，其中一個人在不開心的時候就會說「我不去了，你自己去吧」，然後對方怕耽誤而不得不妥協。

更直接的威脅是恐嚇。有的父母喜歡用威脅的方式改變孩子，他們常說：「我數到三，如果你不……，我就……」。有的女孩跟男孩約好了九點在咖啡廳見面後會說：「如果你提早到了，就等我吧。如果是我提早到了，那你就等著看吧！」

2. 冷暴力

包括賭氣、生悶氣、摔東西、找碴、指桑罵槐等，就是我不明著對你發脾氣，但我讓你知道我生氣了。

我生氣了，於是我開始用力摺衣服、用力拖地、用力關門，我製造出很大的聲音讓你知道我生氣了。我對著家裡的寵物發脾氣，我對著無關的第三者發脾氣，我沒有直接罵你，但我讓你知道是你惹我了。我不想說難聽的話也不想咽下委屈，我就不說話，我就看著你，我轉頭就走，我把自己鎖在房間裡，我不讓你碰我，我就是要讓你知道我生氣了。

冷暴力者有時候是在忍。出於某些原因的克制，他無法直接發脾氣，但他又無法忍到像個沒事的人一樣心平氣和，所以他就透過曲折的方式引起關注，不斷暗示對方：「我、生、氣、了！」

還有一種很慘的生悶氣就是你滿肚子氣，又是大聲嘆氣又是找事情引起注意，但對方完全不知道你生氣。

3. 慘暴力

包括哭泣、賣慘、道德綁架、強調可憐、誇大受傷等，這是一種透過「你讓我很慘」來綁架對方的暴力行為。彷彿對方不趕緊來滿足你，他就是個壞人了。

哭泣有時候是一種指責。有一種哭聲會向對方傳遞「你把我惹哭了，你傷得我很慘」的信號。賣慘是一種指責，有的父母會跟孩子說，因為你不聽話，我心臟病要發作了；因為你不回家過年，我哭了三天了。

強調自己弱是一種指責，我告訴你我有多不容易、告訴你傷得我多嚴重，所以你得為我負責。因為他還是個孩子、他不懂事，所以你應該原諒他。因為他是弟弟還小、因為父母老了，所以你得遷就他們。

如果你覺得我不夠慘，我直接慘給你看。因為你不滿足我，我就拿頭撞牆，拿冷水澆自己，甚至我拿刀片割自己，我就想讓你知道因為你的傷害，讓我有多難受、多抓狂。

指責背後的含意

指責的核心語言是「你應該照顧我」。

當你有這個想法的時候，你就開始指責了。一個行為裡，可能不僅有指責，但判斷是否包含指責的方式就是你內心是否有這句話。指責者覺得：我不舒服，你就應該照顧我；我想要，你就要滿足我；你跟我想的不一樣，你就要遷就我。我不去想你的感受是什麼、願不願意、喜不喜歡、有沒有能力，這些不重要，此刻你在我眼裡只是一個工具。如果你不順從我，我就用各種方式折磨你。

指責的核心感受是「憤怒」。試著觀察你憤怒的那些時刻，就會發現裡面就有很多的理所當然感，好像對方就是應該照顧你一樣。第二層感受是「委屈」，指責者覺得自己受到了很大的傷害，而且不應該被傷害，從而覺得很委屈。

聽起來有些自戀、霸道、理所當然甚至有些可笑，讓人忍不住想反駁「你以為你是誰啊，憑什麼啊」，但指責者在情緒裡的時候，對這些想法深以為然，並不會去思考自己的想法是否合理。對指責者來說，要停下指責，就是去思考背後這種理所當然的資格感是哪來的。

指責者資格感的第一個來源是：「我是對的，你是錯的」；「我是合理的，你是不合理的」。指責者會覺得禍是你闖的，所以是你的錯；我沒有做錯，我卻被傷害了；你傷害了我，就是你的錯。

指責者有很多理由證明自己是對的、有理的，能證明對方就是應該滿足我。比如說，「人不應該小題大做」；「人應該認真完成分內工作」；「我對你好，你就應該對我好」；「你是孩子，你就應該孝順父母」之類的，但這些道理本質上都指向一個點——此刻我很受傷，所以你應該滿足我。

這並不是說指責者就一定是對的，而是指責者永遠能創造出理由來證明自己是對的，而被指責者大機率是不會認同這些理由的，這時候指責者就會陷入指責失敗，變得更加抓狂、憤怒和委屈。因此，指責失敗的時候，就要思考：你所創造那「我是對的，對方是錯的」的理由是什麼。

在衝突中，兩個人都會感到委屈，因為你們都認為自己是對的而對方是錯的，自己是合理的而對方是過分的。你們都在自己偏執的視角裡，看不到更多可能性。

那麼誰對呢？都對。

兩個人的關係本來就是公說公有理、婆說婆有理的事，只要有人想證明自己的委屈是合理的，他總能找到很多個視角和證據來支持自己。因此指責者要意識到，對方的視角也對，你們兩個沒有誰更高級，而且重點不是誰對誰錯，理由只是個掩飾，你的本質只是想讓對方妥協來滿足你。

所謂的「自己是對的，對方是錯的」，只是在鞏固你的委屈罷了。

讓指責有效的關鍵要素

僅僅沉浸在「我有道理，所以不應該被這樣對待」的想法裡，並不能完全構成指責的底氣。既然要讓對方知道「後果很嚴重」，完成指責還需要配合另外一個因素：權力。

指責者的潛意識裡覺得自己對對方擁有某種權力，他們覺得：我比你高級，我有能力傷害你，我有你需要的資源，你離不開我，所以你必須要配合我。他們是堅定的復仇者：你竟然敢傷害我，也不看看你惹的是誰。既然你不讓我好過，我也不讓你好過。

指責者不需要真的有權力，他只需要認為自己有權力，他就可以理直氣壯的指責。比如說，有男人覺得因為你是女人，家務就應該你做，飯就應該你煮，孩子就應該你帶。他們高姿態的樣子，好像活在封建社會一樣。他們覺得，結了婚的女人既不會離婚也離不開男人，而有的女人則覺得，你是男人就應該讓女人，就不應該跟女人計較，就應該主動，就應該多付出。他們覺得，男人都想撩女人，所以自己有性別優勢。

在家庭中，有的人會因為經濟收入劃分權力等級，覺得自己收入比對方高或家庭背景好，就覺得自己高級，從而享有了一種指揮對方的權力。有的父母喜歡指責孩子，他們認為自己對孩子擁有了某種權力，他們覺得你吃我的、喝我的，你不聽我的就沒得吃。

有的權力來自於弱小，因為我生病了，所以你應該照顧我；因為我比你窮，所以你應該給我錢花；因為我很可憐、很慘，所以你應該照顧我。他們的弱小被自己賦予了評判權，他們有資格指責對方不付出、不照顧弱小，就是一個壞人。他們覺得對方是在意自己形象的，所以能威脅到他們。

有的權力來自於付出，好像貢獻大的人就比較高級，他們覺得「我就是這麼對你的，所以你也應該這樣對我」。那些特別愛付出的人也變成了愛指責的人，他們覺得：你還想不想要我付出了？你再不這麼對我，以後我也不會再對你好！

有的同學需要爸爸的照顧，他會覺得「你是我爸啊，你不照顧我不符合家庭倫理啊。」「你是我妹妹，你有時間不應該看看姐姐我嗎？」這是他的道理，但他背後的底氣則來自於：我們是親人啊，你不照顧我，我以後也不會為你付出了！

指責的核心是懲罰，而懲罰的目的是強迫對方承認他錯了，從而讓他改變。

只要一個人自己覺得對方有害怕的東西，他就有了指責的底氣。可是這個東西對方未必認同，所以對方就不會認為自己錯了。這時候，指責者懲罰的資本也就失效了。

指責的底氣來源

指責者不一定覺得自己在威脅，他可能覺得自己只是在講道理。

其實指責者不一定對，對的人也未必有有底氣指責。有時候，指責者會試圖偽裝成自己是對的，但本質上依賴的是自己的權力。大灰狼要吃小白兔會先說：「小白兔你在下游玩水，把我上游的水弄髒了，所以我要吃了你。」大灰狼看起來是在講理，但本質上是他覺得自己有力量，所以擁有了對弱小者的權力。

父母經常覺得自己在跟孩子講道理，但父母氣急敗壞的樣子，常常是在使用權力懲罰孩子。夫妻之間常常覺得自己在講道理，實際上是在用「你不聽我的我就離開你」；「你不聽我的我就罵死你」等權力在懲罰對方。

如果你覺得自己在講道理，你要觀察一下自己，你內心是否有「他應該滿足我」和「他不改，我就想懲罰他」的想法。一旦有這兩個想法，你就是在指責了。

當權力沒有即刻發揮作用的時候，指責者不會思考自己的權力是否是真的存在，他會以更大的聲音或不斷重複言語來聲明自己的權力。因此，指責者在向對方索取的時候，聲音會變大，情緒會提高，語速會加快。至於吼叫時邏輯清不清晰，那不重要，重要的是氣勢。所以有時候他們能一句話反復講，罵來罵去還是那幾句，因為他們潛意識比的並不是智慧，而是氣勢。

指責真的有用嗎？

那指責有用嗎？有時候是有的。

指責者的潛意識認為，讓一個吝嗇愛的人交出愛最有效的方式就是讓他害怕，人在害怕的時候就能知道自己錯了。如果對方內在有一個恐懼的小孩，就會被指責者「看起來」是在懲罰的指責嚇到而不得不妥協。同時，指責者也強化了「指責有用」的模式，但顯然這種方式並不是絕對有效。

首先，懲罰不一定讓人害怕。你相信你的那些資源，對方可能根本不在意。他既不怕失去你，也不覺得你能把他怎麼樣。其次，即使他害怕，也不一定覺得自己錯了，他可能會透過反擊或離開你來保護自己，不一定非得要透過順從你的方式來保護自己。

指責有效的時候，也不一定是好事，因為指責是使用製造恐懼來迫使對方改變，恐懼累積久了，人就想放棄關係。所以當你指責成功且被順從的時候，其實也是在為你被拋棄埋伏筆。很多父母小時候指責孩子，得到大把大把的勝利，孩子長大後一點都不想跟他們有聯繫。

指責是一種人們照顧自己情緒的方式，但往往會傷害到對方。從整體來看，關係是輸的。因此，當你習慣了指責，你就要思考一下這是為什麼，同時思考其他索取愛的方式。

思考指責

轉化自己：

1. 對方做了什麼讓你不開心的事？
2. 你希望他做什麼改變？
3. 你的世界裡，你覺得對方錯了的理由是什麼？
4. 你猜他是否同意你的理由，為什麼？
5. 當他不順從你，你內心想怎麼懲罰他？

6. 在你的想像裡，你擁有什麼，或為什麼他會害怕你的這個懲罰？
7. 你覺得，對於你的懲罰，他是否在意並會因此感到害怕而妥協？
8. 如果他因為害怕你而妥協了，你覺得他會怎麼看待你？
9. 現在，你怎麼看待自己內心這種想懲罰的衝動？

理解他人：

1. 他覺得，你做了什麼讓他不開心的事？
2. 你覺得，對方希望你怎麼改變？
3. 他的世界裡，他覺得你錯了的理由是什麼？
4. 你是否同意他的理由，為什麼？
5. 你覺得，當你不順從他時，他內心想怎麼懲罰你？
6. 你覺得，他認為自己有什麼資本可以懲罰你到令你害怕？
7. 實際上，你是否害怕他可能給予的這些懲罰？
8. 你可以怎麼跟他表達這帶給你的感受和想法？
9. 這個過程給你的感覺是什麼？

02 講道理：教育和建議

講道理的主要邏輯

第二種常見索取愛的方式是「講道理」，這是一種透過理性告訴對方什麼是對的、什麼是應該的、什麼是好的來說服對方改變的方式。道理者很喜歡在溝通中教育他人應該怎麼做人，應該怎麼生活，應該怎麼做事，因此講道理也常被稱作教育、提建議。這裡有兩個常見的表現形式：

1. 我這是為你好

道理者喜歡以一副熱心腸的姿態，給對方一些自以為是的建議。這些建議的初衷的確是在為他人好，但因為你不瞭解對方的處境，你提出來的建議往往都是他難以執行的建議，而被建議者還要花精力來反駁。

有的父母會催孩子結婚，結婚了又開始催生小孩。父母的建議的確是在對孩子好，初衷是老了有個伴、不會太孤獨，但這些建議忽視了不結婚的孩子未必有能力處理複雜的婚姻關係，甚至無法接受隨便找個人將就過一生。父母提建議時，無法看到孩子背後執行的現實困難。

有的上司會建議員工每天加班，還會認為你加班時間越長，獲得的工作經驗就越多。也許加班的確有對員工好的部分，但這個建議完全忽視了加班是件非常辛苦的事，員工不願意為了得到這點經驗而讓自己吃苦。

2. 你應該為別人好

「你爸媽也很不容易，你應該多體諒他們」；「你弟弟也很辛苦，你要多多幫助他」；這是一種以道德名義要求你為另外一個人好的綁架。這些道理或許是對的，但被建議的人就是會感到非常不自在。

就像在勸人有公共素質時，可能會聽到「在公共場合不要大聲說話」；「垃圾不要亂丟」；這些建議的出發點非常正確，是對社會公德的尊重，我為人人，人人為我，就是這個世界最美的樣子。但被這麼建議的時候，往往會感到不舒服。

這種不自在、不舒服的感覺，是因為建議者在忽視被建議者的感受。那些不想和父母聯繫的人也知道父母養育自己不容易，也知道自己應該多孝順、多體諒他們，但他們一旦和父母重新連絡時，就是會面臨消化不了的壓力。那些不想資助弟弟的人也知道弟弟很可憐，可是可憐弟弟就會讓自己變得很可憐。

社會公德和素質的確很重要，可是有時候也會帶來不方便，在公共場合輕聲細語會讓人難以與他人交流，而遵守不亂丟垃圾的規範，可能讓你在找不到垃圾桶的情況下，感到不便。

大家受教育的程度其實都差不多，你懂得的道理對方也懂，你覺得應該或不應該做的他也知道，所以講道理、提建議通常是無法提供新資訊的，反而讓道理變得蒼白無力。

道理者之所以讓人反感，是因為他們看不到真實的對方。當他嘗試教育他人的時候，根本不會考慮對方是否需要、有什麼感受、做起來有哪些困難，同時他也看不到自己。他們很難意識到，這些道理裡夾雜了大量的利己——他更想滿足自己，對方執行這些道理後，最大的受益者是道理者本人。

指責者和道理者都會講對錯，但講對錯不一定是道理，他們的不同在於，指責者覺得「你不照顧我，你就是錯的」，而道理者覺得「我為你好，你卻不接受，你就是錯的」。指責者的目的很明確，我就是要你妥協、滿足我，而道理者的目的很隱晦，他透過一種看起來很偉大的方式間接滿足自己。

從這一點來說，講道理比指責更令人討厭。

你想要，你不直接搶，而是要用一種看起來文明、偉大的方式去搶。指責者只看得到自己想要什麼，而道理者既看不到對方想要什麼，也看不到自己想要什麼。從這一點來說，道理者更難溝通和相處。

道理者講道理的方法

道理者特別喜歡替對方科普知識和提建議。

建議者常常以專家的姿態出現，以自己是過來人、讀過書、懂得多為榮，總覺得自己懂得比對方多，就想替對方科普，告訴他這個世界的因果關係。

「專家們」喜歡分析利弊：如果你再這樣下去，你就會有什麼壞處，而如果你改了，就有什麼好處。

有的父母希望孩子不要玩泥巴，他們就會跟孩子科普細菌的壞處，而泥巴上就有這麼多細菌；有的伴侶不希望對方出軌，他們就開始科普陌生人身上可能帶有哪些病毒，染上這些性病會有多麼可怕。好像他們真的是為對方好似的，實際上就是想替自己省麻煩。

但這些科普往往並不準確，比如說再哭就會有狼來把你吃掉了。我小時候被媽媽科普過「碗打碎了家裡就會變窮」，以至於我總覺得小時候家裡窮是我的錯。長大後這種科普依然存在：因果報應，前世今生。人應該孝順，這是替後半輩子積德；人應該生兒子，這樣不會被指指點點——講的人不一定真的信，但總覺得對方會信。

這些「因果關係」客觀來說有很多反駁的理由。如果對方內心本來就有懷疑，他就會喪失理智聽進了你這些洗腦。但更多時候，這些道理很難說服人，因為聽的人根本就不相信道理者所強調的因果關聯，自然也不喜歡聽這些建議。

大部分人的科普能力非常有限，他們為了驗證自己的道理，就要擺事實、找證據。要找證據還不容易嗎？專家講課的時候，喜歡用「我有一個朋友……」來論證。生活中，道理者最常用的證據則是「他人」——你看，誰誰家的誰做了什麼，就得到了什麼後果。

隔壁小明因為不打電動所以成績好，隔壁小正因為成績好才有資格打電動，隔壁小新因為成績不好都不好意思打遊戲，隔壁小迪成績不好都是因為打遊戲。某個明星、鄰居就是因為錢太多所以才變壞的；隔壁的小王、小張都不到三十歲就結婚了，所以你也要這個年齡結婚。這些顯現出的是：因為大家都這樣，所以你也要這樣；因為你和別人不一樣，所以你是錯的。

除了身邊的例子，建議者還會引經據典，拿古人、名人說事。因為古人說、聖賢說、專家說、哲人說、做人應該……因為「孝順是傳統美德」；因為名人都說做事要堅持，永不放棄，所以你這樣輕易放棄是錯的；比爾．蓋茲正是因為不放棄才那麼有錢的，愛迪生正是因為不放棄才有那麼多發明的。

找旁人來佐證，是特別沒用的提建議方式。因為提建議的人始終在迴避解釋：人為什麼要跟別人一樣呢？人為什麼要跟大多數人、權威一樣呢？

道理者的心態

道理者不會覺得自己在剝削別人，反而覺得自己很偉大，他們覺得自己有一種看似很高級的心態——心平氣和，就事論事。

對方做的事情不讓你滿意的時候，你會心平氣和地告訴他這樣做是不對、是錯誤的，你還會積極解釋原因是什麼，為什麼這樣不對。比如說，另外一個人比較晚睡，而你想早睡，其實你就是想讓他早一點睡，這樣他就不會打擾你了，同時你可能會擔心他晚睡影響他的身體健康，然後你會一一告訴他早睡的好處。

你覺得你很溫柔、很耐心地講道理，其實這種方式常常讓對方感到憤怒，因為道理者忽視了一個很重要的因素——情緒。

人在自己的情緒裡的時候，即使對方是對的我們也不想聽。人不知道熬夜傷身體嗎？不知道垃圾食品傷身體嗎？不知道上進努力能賺錢嗎？不知道多讀書有利於增進思考能力嗎？大家都是受差不多教育水準的人，你懂的這些他不懂嗎？

人在情緒裡時，是顧不了那麼多道理的。想像一下，你在玩泥巴玩得很開心的時候，你媽說有細菌；你追劇追得很開心的時候，有人說傷眼睛；你吃蛋糕吃得很開心的時候，有人說會變胖，這是什麼殘忍的感覺呢？朋友剛失戀，這時候你跟他建議人應該振作起來，並且講振作起來的種種好處，他會是什麼感覺？

被拒絕的時候，道理者還會覺得很委屈，「我說這些，還不是為你好嗎？」我希望你「不要總是玩手機，眼睛會瞎掉」，我管你，難道錯了嗎？你怎麼就不識好歹呢？其實這根本不是對錯的問題，而是道理者沉浸在自己的世界裡，說著自己覺得好的言論，完全不去看一眼對方到底感受到了什麼、需要什麼。

對自己好，並不是一個人非要這麼做的理由，你態度好也不是對方一定要聽的藉口。當你講道理的時候，對對方來說是一種殘忍的打斷。

道理者之所以這樣，也是道理者的可憐，因為他自己就是個對感受陌生的人。他經常用正確的道理說服自己，經常習慣性壓抑自己的感受，所以他也會習慣性用這種方式對待他人。

講道理無用的原因

道理者之所以讓人厭煩，是因為以下四個原因：

首先，這些道理雖然是對的，但聽的人沒得到什麼好處，卻還要因此回應你，浪費他的時間。有的夫妻一吵架就有長輩開始講道理：「想想你們的兩個孩子」，彷彿他們不知道自己有兩個孩子一樣，可是出於禮貌，還得回應這個長輩。

其次，聽的人得到大量否定，因為道理者講出來一些「我是為你好」的話時，實際上在說你現在做的這些是不對的。這裡面夾雜著大量控制，道理者的道理都在佐證自己的要求了——你應該這麼做、那麼做。

第三，道理者在講這些的時候夾雜著焦慮，聽的人要莫名其妙承受這些焦慮。有的人看到我吃完的餐盒沒有及時扔掉就開始跟我講「吃完的餐盒要馬上扔掉，不然會發霉，弄得滿屋子都是細菌」的時候，我會覺得被一種焦慮吞噬。

第四，道理者還有另外一種不太好的隱藏心態則是「優越感」，覺得自己的行為準則是好的、高級的，而對方是錯的、較差的，所以忍不住以為對方好的名義提建議。比如某主播在一年賺上億元之後，會覺得自己特別厲害，一年三百六十五天在直播吃苦——而且是特別努力的那種，面對普通上班族的時候，就會產生一種：我很努力，所以我很厲害，而你之所以還月薪幾萬，說明你還不夠努力。

當你用優越感要求和指點對方的時候，對方不會因此欣賞或感激你，反而會覺得你矯情事多。即使你是真正的專家，一旦你產生了自己比對方高級的優越感，你也會失去改變他的動力。

講道理真的有用嗎？

講道理是一種空口說白話的行為，既不付出實際的東西，也不幫對方解決執行上的困難，就渴望透過喊口號能換來一些愛。誰願意呢？

這並不是說講道理不能改變人，「教育」很多時候都是在用道理改變人，都是在給人有效的建議。古人云、聖人訓都會給人如雷貫耳、醍醐灌頂、耳提面命的不同感受，都是用好的建議在改變人。好的建議如沐春風，矯正人的偏差，讓人變得更好，但顯然不是所有道理都在改變人。

壞的道理是不被人認同且沒有營養的建議，原因有兩點：

1. 你覺得自己的建議非常棒，道理很正確，所以在孜孜不倦地跟對方講，但對方不一定覺得這是正確的，更不一定覺得這是好的。他可能反駁你，提出自己的觀點，也可能懶得反駁你，不想花時間辯解，他只知道自己不同意。

2. 即使對方覺得你是正確的，但「人應該做正確的事」本來就是個值得推敲的道理。有的道理很對，卻無實際用途，是聽君一席話，如聽一席話；有的道理很對，卻可能帶來傷害，聽君一席話，浪費十分鐘；有的道理符合常理，但做起來會對自己造成傷害。「道之所在，雖千萬人吾往矣」是種很高級的道理，不是誰都想這麼做的。

所以，當你提建議被拒絕時，你就要思考：你覺得你說的對，你是在為他好，他真的認同嗎？即使他同意，去做了你的建議，對他來說有什麼代價？他願意承受嗎？

對方是個有主見的人，他有自己的判斷。除了你的道理和建議，對方自己的主見也很重要。除了道理，對方的感受也很重要。

思考講道理

轉化自己：

1. 對方做了什麼讓你不開心的事？
2. 你希望對方怎麼改變？
3. 當你認為對方應該怎麼做、應該改變時，你提出了哪些「應該」的道理？
4. 你覺得對他來說，他遵守這個道理的好處和不改變的壞處是什麼？
5. 有哪些證據、名言或故事可以證明這個道理？
6. 你猜，他是否同意你的道理，他的主見是什麼？
7. 如果他遵守你的道理，會打斷他的哪些愉悅感受？
8. 他依照你的道理執行，對他來說有哪些困難和損失？
9. 現在你怎麼看待自己希望他做「正確」的事？

理解他人：

1. 他覺得，你做了什麼讓他不開心的事？
2. 你覺得，他希望你怎麼改變？

3. 當他認為你應該怎麼做、應該改變時，他提出了哪些「應該」的道理？
4. 你猜他認為，你遵守這個道理對你的好處和不改變的壞處是什麼？
5. 你是否同意他的道理，為什麼？
6. 如果你遵守了他的道理，會打斷你的哪些愉悅感受？
7. 依照他的道理執行，對你來說有哪些困難和損失？
8. 你可以怎麼跟他表達這個感受和想法？
9. 這個過程給你的感覺是什麼？

03 討好：妥協與忍讓

討好的主要邏輯

第三種常見索取愛的方式是「討好」。討好是一種透過取悅別人讓別人滿意，以此改變他人的方式。討好者覺得，我怎樣會讓你開心，怎樣你會喜歡，我就會去做什麼。我會把你的感受放在第一位，嘗試迎合你、取悅你，如果你因此而感到開心，你就會改變了；或者你因此而沒有不開心，你也不會再傷害我了。

迎合不一定是壞事，如果恰好你也喜歡這個過程，那就是正常的付出愛，這首先是悅己，然後悅他，這是一種很高級的寵愛。有的父親對女兒號稱「女兒奴」，有的夫妻關係中會出現「寵妻狂魔」，為心愛的人買禮物、做事情等，這都是些令人愉悅的迎合。但如果這個過程並不是你喜歡的，是讓你不開心的，那你做起來就會有委屈感和犧牲感，這是一種妥協，這時候我們就說你在討好。

因此，討好的核心就是妥協、犧牲、忍讓。

討好者常見的感受是害怕，他害怕對方不滿意就會指責自己，害怕對方不滿意就會離開自己，為了避免這些糟糕的後果，討好者就只能選擇隱忍。討好者一直在取捨，當有一天他覺得對方不再值得挽留，或者不害怕對方懲罰的時候，他就不再討好了。同時這也意味著，討好者能接受這段關係的結束。

討好者預設的就是「對方是不會改變的，所以只能由我改變」，還想要關係，討好者就覺得自己只能妥協、隱忍，可是妥協就會有委屈，沒有人喜歡一直委屈自己。討好者在妥協的同時，內心也會有一些不滿，那是內心偷偷的指責。討好者不會表達這些指責，是因為他知道表達之後結果更糟糕，只有暫時忍讓和妥協，才能換來安全與和平。

討好者在忍，而一個人忍耐程度是有限的。如果妥協不能換來積極回饋，討好者很快就會把內心壓抑的情緒轉成指責或放棄，而這又變成被討好者的懲罰。

妥協和指責並不衝突，一個人本來想指責十分，忍了下來，表達了六分。他的感受裡就是既指責又妥協，既憤怒又壓抑。妥協和講道理也不衝突，人經常是忍著自己的需要，好聲好氣地和對方講道理。

相較於「講道理」，「討好」稍微好一點點，講道理的人看不見任何人的需要，討好的人雖然在忽視自己，但起碼開始看見這個人需要什麼、他的感受是什麼。雖然討好者不一定能準確判斷對方真正的需求，但至少有這份心意。

聽起來討好是種取悅他人的行為，遺憾的是，討好很多時候也是令人討厭的，因為討好者付出了很多，對方卻沒得到多少，反而討好者的委屈卻被看見了，這讓被討好者覺得自己被某種付出感綁架了。這種感覺就像是對方每天為你燒三柱香，念十遍祈禱文，全心全意為你好，然後講給你聽，可憐兮兮地想從你這裡得到一些什麼。

討好者的習性

討好者習慣忍耐。有一個學員曾跟我說，他老公經常很晚才回家，他對此很生氣，但每次都告訴自己「算了，忍一忍吧」。他以為這樣通情達理的忍耐就能換來老公的自覺，實際上我們根據經驗得來，這樣的忍耐只會讓老公越來越過分。

還有的人發現伴侶疑似出軌甚至真的出軌了，也選擇忍耐。他們心裡想的是「等對方玩夠了就回來」，所以他們採取的是睜一隻眼、閉一隻眼的策略。

還有的人在被要求的時候，因為不想跟對方計較就忍了。比如兩個人都不想去接孩子，另外一個人跟你說「你去吧」，你不想去，但也不想跟對方吵，不想跟對方計較，所以你忍了忍自己去了。

忍耐者總是對對方的自覺有一個幻想，他們覺得「我妥協了」，對方就能見好就收，就能看到我的忍讓、付出和委屈，就會給我一些愛，實際上透過忍耐來換另一半的自覺，是非常困難的。

討好者經常壓抑自己的需求，不重視自己。

我們課程裡有一個事業成功的同學，他是很多員工的老闆，但始終被一個問題困擾：「同事們加班，如果我不陪他們一起加，他們會不會討厭我」，於是他就會壓抑自己想早下班的需求，換來員工喜歡他的可能。

在親密關係中，很多人也會沿襲這種「壓抑需求」來索取愛的模式。有一個同學說，有一天比較早下班，回到家想躺在沙發上休息，但他發現自己比老公還早回到家就開始不安了。他知道老公期待他回來後很乖地把飯做好等著他，他就壓抑了自己想休息的需求，爬起來做飯了。他做不到很慵懶地躺在沙發上等著老公回家才做飯，這看起來是一種體貼，實際上也是一種對自己需求的忽視。

類似的人有很多：捨得買品質最好的尿布給孩子，捨不得買一件心儀的皮大衣給自己。看起來是勤儉持家，其實是把自己的需求放到最後，以獲得別人的認可。

犧牲自己的需求，滿足對方的需求，雖然會讓你變成一個非常持家、體貼、合格的好妻子、好丈夫，但其實這是一種忽視自己的表現。這種自我忽視很難換來另一個人的愛，卻容易換來自己對另外一個人的怨。

操心和責任是一種討好

操心和過度的責任感是一種討好，比如有的女人在結婚後，會把自己的重心放到了家庭、老公、孩子身上，他們會把家收拾得很乾淨、把飯做得很好吃、把衣櫥整理得很有條不紊、把地板清潔得很光滑、把一家人出去旅行的行程規劃安排得井井有條，親自安排鄰里、親戚的事，很用心看待孩子的輔導班、作業、玩具，他們很操心每一件事情，一整個就是操心命，他們是當之無愧的好妻子、好母親。

如果你只是純粹地享受這個付出的過程，說明你內心是充滿愛的，那這是一種對生活的熱愛，但很多人內心並不喜歡這些，只是覺得不得不做。他們覺得我對這個家、對你付出了，你就會愛我，就不會離開我，就會對我好，所以他們所用的手段就是付出。他們真的一直在付出，把自己熬成了黃臉婆，不僅不被愛，還不停地被嫌棄。

愛付出不僅是女性的專利，很多男性也有這樣的委屈，覺得自己為了這個家忍氣吞聲、忍受對方的壞情緒，覺得自己遮風擋雨、拚命工作不敢休息，然後再被妻子抱怨的時候就會覺得崩潰，覺得自己付出了很多並不被理解。

人們總覺得，付出一定能換來愛——哪怕委屈了自己，實際上付出不一定能換來被愛，更難換來自己想要的那種愛。付出不等於能換來被愛，更多時候，你的付出只是自以為是，對方根本就不需要。對方的確是需要某些付出，對方的確需要你做飯、洗衣服，但沒那麼需要，跟你內在的渴望比起來，對方會覺得不划算從而抗拒。

當你得不到，你的付出就是在傷害你。你的「付出感」越多，在得不到愛時的受傷感就越大。你的付出，只會拉高你的期待，讓你受傷。

付出感，就是妥協的結果。

盲目追求也是討好

盲目追求優秀也是一種討好。每個人追求優秀的出發點不同，有的人純粹是為了變成理想中的自己，有的人是為了獲得愛。有的人覺得，只要我變成你理想的樣子，你就會喜歡我；只要符合大眾喜愛的樣子，我就變成什麼樣子。這時候他們的優秀不是變成自己理想的樣子，而是別人理想的樣子，所以是一種討好。

我有一個來訪者，他是一位很漂亮、很有氣質、保養得很好的女士，他來諮詢的時候說，他老公跟別的女人外遇了，他很生氣也很不理解。他跟我抱怨說：「你說他跟一個比我胸大、身材好、臉蛋漂亮的，我能理解，那是我魅力不夠，但是你說他跟一個離異過的大姐外遇是什麼意思？」

這個來訪者的內心世界就是：我成為了男人喜歡的漂亮、氣質、擁有完美身材的人，我就會被喜歡。

有的人可能會把自己變得事業成功，有錢、有素質、有能力、有顏值，是很多人羨慕和愛慕的對象。他們很成功，但是很空虛，優秀的過程讓他們感到痛苦，但因為大家喜歡這樣的人，所以他們還是會強迫自己優秀。

不夠優秀的人，則會努力優秀。他們很注重自我提升、自我學習、自我保養，企圖透過努力成為他人眼中的「好」，這樣自己就會被喜歡了。他們總覺得只要我優秀，就不會被你拋棄，甚至為了迎合他人的審美，去整形、豐胸、學家務等等。

但其實，優秀和被愛是兩件沒有特別關聯的事。並不是說人不要追求優秀，你喜歡自我實現、挑戰自我的過程是非常好的，但如果你為了得到某人的喜歡而企圖讓自己變優秀，你只是希望迎合對方的審美而改變自己，你就會因為得不到相應的喜歡而痛苦。

妥協真的有用嗎？

妥協能改變他人嗎？有時候能。當你的妥協踩中了對方的愉悅點（滿足需求），他的確會因此而開心。同時，他認為這是你帶來的感受而感激你，的確會因此對你更好。但更多的時候，妥協只是忍一時風平浪靜。妥協換來的只是對方的不過分而已，很難換來對方因此而對你好。這是因為你的妥協，不一定帶給對方愉悅的感受。

對方的開心如果是基於你不開心而產生的，或是要把自己的歡樂建立在他人的痛苦之上，較少有人能心安理得地接受，因為這會把被討好者放到加害者、苛刻的位置，使他們內心產生負擔。其次，一個人習慣低姿態地討好對方，是因為內心充滿恐懼，就沒有能力看見真實的對方，很難命中對方的喜好。

即使對方因此而感到愉悅了，他更可能有理所當然感，而非想到其實你也需要他做些什麼。你犧牲了，對方未必得到；對方得到了，未必是想要的；是對方想要的，但未必會因此而愛你。

因此，當你在妥協時，你要慎重，你的妥協很可能是打了水漂的，讓自己越發委屈，卻依然換不來想要的愛與認可。

思考討好

轉化自己：

1. 對方做了什麼讓你不開心的事？
2. 理想狀態下，你希望他怎麼改變？
3. 當他沒改變時，你做了哪些妥協、隱忍、犧牲或迎合？
4. 在你的想像裡，當你討好時，對方會因此得到什麼？
5. 你覺得這些討好，實際上他會接收到什麼？
6. 你的這些討好，會讓對方有什麼感受和變化？
7. 你的討好，對你來說有哪些犧牲、代價和影響？
8. 你討好所帶來的效果和代價相比，你覺得值得嗎？為什麼？
9. 現在你怎麼看待內心想妥協和隱忍的衝動？

理解他人：

1. 他覺得，你做了什麼讓他不開心的事？
2. 你覺得，理想狀態下，他希望你怎麼改變？

3. 你覺得，他做了哪些妥協、隱忍、犧牲或迎合？
4. 你覺得，在他的想像裡，當他隱忍時是想帶給你什麼好處？
5. 實際上，他的隱忍帶給你什麼感受和看法？
6. 你猜測，他的這些隱忍需要讓他付出什麼犧牲和代價？
7. 你覺得，他的這些付出和你得到相比，值得嗎？為什麼？
8. 你可以怎麼跟他表達你的感受和想法？
9. 這個過程給你的感覺是什麼？

04 迴避：逃避與放棄

迴避的主要邏輯

第四種常見索取愛的方式是「迴避」。

人跟人之間是有差異的，相處必然就要磨合，處理差異是關係的必修課題。採用指責、講道理的方式就是希望對方改變來消除差異，而採用討好則是透過改變自己的方式來消除差異。雖然這三種未必是很好的方式，但好歹在努力調整關係。

有的人沒有消化關係差異的能力，就會選擇迴避。迴避就是不去處理問題了，甚至不想跟這個人再有關係。被迴避的人往往很抓狂，認為迴避的人在逃避問題，但其實迴避的人未必這麼覺得。

在迴避者的世界裡，他們認為：我希望你改，但我知道你根本不會改，再說下去也是白費力氣。你希望我改，但我根本滿足不了你，我改不了也不想改。所以，別說了，算了吧，就這樣吧。

迴避的核心語言就是「算了吧」。在迴避者的幻想裡，是只要我不去面對問題或者只要我換個人，目前的問題就會消失。聽起來很滑稽，不面對怎麼會消失呢？

有時候的確是這樣的，「不了了之」本身就是人的智慧之一，「冷靜一下」也的確是很多問題的解決之道。哲人說：「只要肯放棄，世上無難事」，你無法評價這到底是一種好還是壞的人生哲學。

迴避者獲得愛的邏輯就是：我不再去期待你的愛，我就不會被你的不愛傷害。

迴避其實也有很多好處。迴避有時候可以讓人保持在一個理性範圍裡，避免情緒失控。很多人不喜歡對方動不動就抽離，要麼不理人，要麼去忙自己的事，其實這種人不知道的是，如果迴避的人開始積極關注你了，他內在強烈的被愛需要就會被啟動，而你根本承受不了。你們之間，將是血風腥雨的衝突。

你觀察就會發現，成年人之所以養成疏離的模式，是因為他小時候目睹了太多他人的衝突。當年他對這些衝突的看法、不滿，那些壓抑的情緒都還在呢，你是想嘗嘗嗎？

迴避常見的方式

關係中最常見的迴避就是冷處理。

兩個人之間有了矛盾，其中一個人可能會先選擇迴避。他累了，他可能不想再聽指責和道理了，所以他選擇了沉默、離開房間、不回訊息、封鎖等方式暫時切斷關係，也可能他是被動迴避，在面對衝突的時候陷入僵化狀態，反應不過來，只能機械性沉默。

不是所有的不說話都是真正的迴避，這個不能從表面來判斷。一個人選擇了沉默不說話，他有可能是選擇了賭氣、冷戰，他這麼做的目的是懲罰對方，讓對方知道做錯了的厲害，這時候人雖然暫時不再說話了，但內心依然有強烈的「快來哄我」的期待，其內心語言是「你做錯了，你就應該改」，所以其本質是指責。

冷處理還有一種可能是：我看你已經很生氣了，所以我此刻不敢講話了。我不知道說什麼對，所以我就先停下吧，免得惹你更不開心了，其內心語言是「我要放棄我想說的話」。這時候的不說話，本質上是在妥協和忍耐，是一種討好。

因此，不說話有指責、討好、迴避三種可能，真正的迴避心理是渴望得到解脫的，其期待是「我不想再說了，我也不想聽你說了，這個問題到這裡吧」。

迴避本質上是一種心理隔離，目的是為了保護自己，或者是保護對方。

一方面，我忍受不了衝突，面對你的咄咄逼人，我覺得壓力很大，我一個頭有兩個那麼大，腦袋嗡嗡作響像是要爆炸，再說下去也不會有結果，非常浪費時間，所以我選擇了迴避的方式來保護自己。我覺得，只要我暫時切斷關係不跟你聯繫，不聽你說話，不看你做事，我們之間的問題就不存在了。

覺得對方咄咄逼人，不一定是覺得對方錯了。有可能自己心中有愧，所以迴避話題。比如對方問到出軌問題的時候，回答的人會避重就輕，迴避掉這個話題。他覺得，一說這個就被指責，只要我不去談論這個問題，這個問題就不存在了。

另一方面，我不想跟你吵架，因為我怕我吵起來會傷害到對方。此刻，我也很有情緒，也對你很不滿，我沒法好好說話，我一說話就會很激動，甚至想動手，可是我在乎你，我也不喜歡那樣的自己，所以我選擇了迴避的方式壓抑自己。這時候迴避者內心的邏輯就是：等你情緒過去了，問題也就過去了。

有時候，冷處理的方式的確有效。兩個人都迴避的時候，冷戰一段時間，但最後不管誰先和好，問題都可以不去談論了，一切如常，彷彿都沒發生過一樣。但其實無論哪種，這種迴避剛發生的時候都讓人特別討厭。

迴避會帶給對方被拋棄感，會讓對方感覺問題被忽視（不被回應）、問題無法得到解決，非常抓狂。面對迴避者，有時候人寧願吵架也不想這種冷漠，但其實他們兩個不同的人根本無法相互理解，一個寧願吵架也不想切斷關係，一個寧願切斷關係也不想吵架。

迴避的進階方式

關係中比冷處理更進一步的迴避則是「分開」或「換人」。

小迴避可以解決小衝突。小迴避裡，逃避只是暫時的，逃避的只是某個問題，兩個人還是想繼續這段關係的。迴避情況更嚴重的時候，人想徹底結束關係，想逃避的是對方這個人。

在一個人的想像中，會有理想關係的樣子。我理想的伴侶是怎樣的、理想的孩子是怎樣的、理想的老闆是怎樣的、理想的朋友是怎樣的，可是現實中這個理想完全不會發生，沒人會按照你的想像打造自己，何況你理想中的人的樣子也會變，例如高中喜歡成績好的，大學喜歡長得好看的，畢業後喜歡有錢的。

矛盾有必然性。當他們對另一個人不滿的時候，不會想著尋求辦法解決問題，他們說服了自己問題根本不可能解決，於是選擇透過放棄關係來徹底解決問題，幻想用另外一種狀態重新開一局，替代當下的痛苦。

他們會想，這個人不適合，我既不可能改變他，我也做不到在這裡將就，所以我應該離婚或分手，或重新找一個適合我的人。一輩子這麼長，我總要去嘗試一下新的可能，如果沒有適合的人，那一個人過也比現在好。但真的這麼去做的時候，他們又沒有勇氣，所以他們會經常矛盾，陷入「想著離開又沒有做，然後下一次矛盾」的循環中。遺憾的是，伴侶和工作可以輕易放棄，但孩子不能。當迴避的人對孩子失望之後，他們就會產生「要不然再生一個吧」的幻想。

在他們的眼裡，適合的人永遠都是下一個，即使現在這個看起來暫時適合，一旦相處起來，你會發現現在這個還是有很多不適合的地方，而真正適合的人就是下一個。

當然也不是所有人想放棄的時候都覺得對方有問題，小部分的人會覺得自己有問題，無法帶給對方幸福，所以選擇離開。韓劇裡經常寫，某男得了絕症，為了不連累女孩，所以偷偷離開了，金庸也寫了小龍女為了不連累楊過而偷偷離開很多次的故事。這樣的故事並不僅僅是虛構，現實中，有的媽媽會覺得自己養不起孩子，所以把孩子送給某個富裕的親戚或大城市裡的表哥養。

關係中更深層的迴避

比分開、換人再更進階的迴避，不僅會想離開某個人，還會不想建立親密關係。

有的人看起來很獨立，風裡來、雨裡去，沒有什麼是自己搞不定的，站起來能自己修燈泡，躺下來能自己住院。看起來他們懂得很多又有能力，一個人生活也沒什麼不好。

獨立是個好的品質，一直很獨立、所有事都很獨立，事實上是喪失了依賴能力，也就是喪失了被愛的能力。獨立的人根本不相信別人能真正的愛自己，所以他們會透過讚揚獨立來安慰自己。他們經常說的一句話就是：「錢我可以自己賺，燈泡我可以自己換，飯我可以自己做，我為什麼還需要一個伴侶？」

你會自己做，不代表每次你都有身心能量做，也不代表有必要做。你是會自己拖地，但如果請清潔阿姨，那不就更省力嗎？你的時薪比阿姨高的話，那找阿姨是更划算的。同樣，另外一人在你旁邊，可以節省你很多會做但不必做的事。有時候你也會狀態差、會累，會不想工作、會生病、會心情不好，甚至你有伴侶依賴，想辭職的底氣和沒有伴侶時的底氣是不一樣的。

當你自己累的時候，有別人願意來照顧你，這個就叫做被愛。所以過於獨立，恰好說明一個人不相信自己是被愛的。

無法獨立又無法親密的人，會建立一種「稀薄」的關係。我明明跟一個人在一起，但我會猶豫、搖擺，或者我跟他保持一段相對疏遠的距離。我們在一起，像室友，我們還在同一個房間，但彼此很少交流想法，甚至會在不同房間裡。大多數時候是各忙各的，即使交流也不會太深入，而是說一些事務性話題，像極了在交接工作，分享一下彼此工作的進度。

表面上看來，這是失望的結果。對一個人失望，但沒有失望到要離開的程度，其實潛意識裡，這類人不太相信別人是安全的，不相信關係是穩定的，他們的潛意識就會想盡辦法跟另一半保持距離，好讓自己保持安全感。

如果關係太近，他們內在對「依賴」的需要就會被啟動，在自己高度依賴對方之後，如果被拋棄了，就是一件很痛苦的事。如果在認知裡，被拋棄是機率很高的事情，那顯然別建立太深的關係就是良好選擇。他們會覺得，只要我不跟你糾纏太深，我就不會被你傷害，就不會有這麼多麻煩。

迴避真的有用嗎？

總結一下，迴避有三種情況：

1. **退出問題**：跟某人的某個問題，不再討論某個議題，選擇冷處理。
2. **離開某人**：覺得自己或某人有問題，切斷了這個關係。
3. **離開親密**：不跟人建立親密關係或只建立稀薄的親密關係。

那迴避有用嗎？兩個人都不去談論彼此關係裡的矛盾，過段時間這個問題的確會消失。很多問題在情緒上頭的時候是問題，冷靜下來就不是了，沒必要在情緒裡解決某個問題。在不同時間裡，人的智慧是不一樣的。迴避也是給兩個人臺階，既然都無法低頭認錯也都不想再繼續指責，那就乾脆不了了之吧。

離開某個錯的人並重新建立新的關係，也時常會遇到幸福。在不適合的群體、個人那裡，就像是穿了不適合的鞋一樣，特別不舒服。

有的人在嬰兒時期就建立了迴避型依戀。對他們來說，不建立關係或建立稀薄關係也是避免關係中被傷害的重要方式。單身的最大好處，就是不會有個氣你的伴侶，不對他人投入感情的最大好處，就是不會被傷害。

顯然，不是所有問題都能迴避。兩個人都想迴避還好，一個人想迴避而另外一個人想面對，那這才是災難性的。想解決問題的一方會被迴避的一方深深刺痛，你試想一下，你想聊，是因為熱衷於積極解決問題，是積極想靠近對方，而對方不想理睬你，這非常傷自尊，原地想爆炸。久而久之，關係也就散了、淡了。

如果你還渴望親密，你就會陷入「分手－換人」的循環；如果你對親密絕望，你就要開始忍受一個人的孤獨和壓力。因此，使用迴避解決問題，聽起來也不是個多好的方法。

思考迴避

轉化自己：

1. 對方做了什麼讓你不開心的事？
2. 這讓你產生了哪些難以消化的情緒？
3. 你內心產生過哪些想放棄或遠離的念頭？
4. 你覺得此刻面對問題和對方，有什麼擔心和困難？
5. 在你的想像裡，選擇迴避這個問題會帶給你什麼好處或者跟什麼有好處？
6. 在你的想像裡，如果放棄對方或換人，能帶給你什麼好處？
7. 實際上，當你迴避時，這些好處會發生嗎，為什麼？
8. 你覺得當你迴避或放棄時，對方會有什麼感受和反應？
9. 現在，你怎麼看待自己內心想迴避的衝動？

理解他人：

1. 他覺得，你做了什麼讓他不開心的事？
2. 你覺得，這讓他產生了哪些難以消化的情緒？

3. 你覺得，這會讓他產生哪些放棄或遠離你的念頭？
4. 你覺得，此刻面對你帶來的問題，對他來說有哪些擔心和困難？
5. 你覺得，在他的想像裡，逃避這個問題或遠離你，會帶給他什麼好處？
6. 他的迴避會帶給你哪些想法和感受？
7. 你可以怎麼跟他表達這給你的感受和想法？
8. 這個過程給你的感覺是什麼？

05 改變他人的小技巧

改變方法，重新獲得愛

前面我們講了四種索取愛的方式，現在來回顧與總結：

1. **指責：**你應該對我好。本質是威脅、懲罰，因為我有你害怕或需要的東西能懲罰你，對你有權力。

2. **道理：**我這是為你好。本質是教育、建議，因為我是對的，按照我說的做對你有好處，所以你要做。

3. **討好：**我必須對你好。本質是妥協、犧牲，因為你不開心、不滿意，所以我要委屈、犧牲自己滿足你。

4. **迴避：**我還是算了吧。本質是放棄、逃避，反正你不會改，我也不想改，我不如冷靜一下或換個人。

這些並不會相互矛盾，同一個行為裡，這四種索取愛的方式會同時存在兩種或多種。你在指責的時候，可能同時包含妥協和忍讓；你在要求被照顧的時候，不影響也在講著為對方好的道理；你在討好、迎合的時候，或許心中也有想放棄的想法。只是最終，你會在外在行為上暫時呈現某一種狀態，隨著時間推移，你內心的其他衝動可能輪番登場，而這些方式都是有時候奏效，更多的時候卻是沒用的。

理性上，也許你知道指責改變不了對方，知道大吼大叫是沒有用的，知道逃避只會讓結果更糟糕，知道即使自己再怎麼掙扎對方也不會改變，知道了妥協、委屈的只有自己。可是遇到事情的時候，你還是會習慣性那麼處理，這是因為「你不知道還有其他方法」。你想改變對方的衝動太強了，你太渴望被愛了，你沒有別的辦法了，你並不甘心，所以你只能保留這個機會主義的幻想——萬一可以呢？

絕望的時候，人會透過熟悉的方式建構出一些幻想來自我安慰。賣火柴的小女孩在極度饑餓的時候，點燃火柴都能看到好吃的烤鴨和慈愛的奶奶。停電的時候，你忍不住要按兩下燈的開關，也許剛才的手勢不對，這次就能亮起來呢？

人不想輕易接受現實，總想再嘗試。所以，不要輕易評判自己的方法，覺得自己不該那麼做，也不要輕易責怪自己為什麼總是愛做作，總是忍不住發脾氣，因為你實在是不知道還有什麼方法可以改變對方了，但你又不想放棄。

從這個層面上，你有想改變對方的行為，說明你對被愛是抱有希望的。被愛在感受層面上又跟你的生死存亡息息相關——那一刻，在你的感受裡，你覺得只有被愛才能活下來，你感受到了不被愛的時候好似要窒息而亡一樣。因此，你有看起來不理智的行為，只是因為你還想活。

還好你沒放棄，你只是索取愛的方法有問題，動機沒有問題，那麼換別的方法就可以改變別人且得到愛了。

停止反應，開始思考

首先，你要建立信心，你是有可能改變別人的。

總有人說，改變別人是一件不可能的事情。我就很想說，你到底經歷了什麼，讓你對人生這麼絕望。改變別人怎麼是不可能的事？你沒因為別人改變過嗎？你沒為別人妥協過嗎？有人覺得，強迫來的改變不是真心的。我也很想說，要什麼真心不真心，把事情做好，不比什麼都好嗎？

在關係中，既然是對方做了什麼讓你的感受不好，最直接的方法當然是讓他別這麼做，讓他朝你喜歡的方向去做——改變現狀，就是改變感受最好的方法。

愛自己，就是想辦法讓自己的感受好一點。因此，改變他人，本身就是愛自己的一種方式。不要懷疑自己想改變他人的動機，你缺的只是一個好的方法。

你之所以覺得，改變別人這件事很難，是因為太執著於改變別人的「方法」。有的人一受傷就會立刻反彈，指責對方的錯；有的人一委屈就開始跟對方講道理，告訴對方應該做的是什麼；有的人一感到難受，就開始妥協，覺得忍忍吧，誰的人生不是充滿了不幸；有的人一遇到挫折，就想要放棄——不想說話了，你自己冷靜吧。這不是適合的人，我不應該再跟他在一起了。

面對挫折時，你可能會本能地採取自動反應來應對，卻沒有想過為什麼自己要用這個方式，為什麼沒用，以及什麼才是有效的。當你開始深入思考這三個問題時，你就真正掌握了改變他人的技巧，從而更有效地體驗到被愛的感覺。

如何有效地改變他人

那什麼方法有用呢？對症下藥。

你的行為模式不一定是沒用的，只是有時候對方不吃你這一套。所以，改變他人的第一步是意識到原先的那一套行不通，承認這已被多次證明無效的事實，你需要改變、需要換個方法，而相對有效的方法就是「反著來」。

對指責的人來說，他因為有很強的資格感而習慣用強硬的方式解決問題，那他就需要用低姿態、請求幫助的方式去表達，包括認錯、懇求、卑微、示弱等。

對講道理的人來說，他覺得這是為了對方好而習慣講道理來解決問題，相反就是直接承認你期待他這麼做、那麼做是為了你自己好，而非用正確來綁架對方。

對討好的人來說，他覺得要照顧對方而習慣用迎合和妥協來解決問題，相反就是堅持和強硬。即使可能得罪對方，也要先把自己放在第一位，以維護自己為先。

對迴避的人來說，他有很多擔心和顧慮無法面對，而習慣冷處理來解決問題，相反就是把你內心的擔心都說出來，讓對方來回應。先讓對方知道你為什麼會迴避，對對方也比較公平。

改變指責的方式

有個習慣指責的同學說：「我生病了很難受，和老公分隔兩地，我很希望他關心我、安慰我，但是他沒有。」當時，這位同學使用了指責和威脅的策略，他跟老公說：「你為什麼不關心我？你難道冷血到這程度嗎？你一點都不愛我，我需要你的時候，你從來都不在我身邊，還一點表示也沒有，不如離婚。」

指責和威脅的結果是，老公直接退出溝通，選擇了更冷漠對待。他們的關係互動就是「他指責，他就迴避」。那對這個同學來說，可能的有效策略就是從高姿態到低姿態，從「他應該」到「請求你」。

他可以說：「當我生病的時候只有一個人，我覺得特別孤單和難過。我渴望得到你的關心，這樣我會感覺好一些。你可以滿足我一下嗎？」這段話說出來，帶給老公的感受肯定是不一樣的，不過這個策略也不一定有效，但就是會比指責他「冷血」相對有效，最不濟老公也會因為不耐煩而給你一個回應吧。

其實，現實生活中，認錯、撒嬌和示弱多數時候都是有效策略。之所以有效，是因為它可以滿足一個人被需要的價值感。雖然指責也是在表達你很需要他，但這是一種高姿態的表達，讓人不舒服。

健康的需要是低姿態的，因為本來就是你求人，尤其是認錯這一方式特別有效。

當你在指責對方有這些錯誤、這沒有用了的時候，不妨試試先找出自己錯誤的地方。千萬別覺得你沒有錯，不然你就陷入了自戀，失去檢驗現實的能力，而且會搞砸關係。

改變討好的方式

一個習慣討好的同學說：「我老公不讓我來參加課程，他甚至威脅我要是來上課就跟我離婚。」當時這個學員就真的沒來。兩年後，他瞞著老公偷偷來到我們的課堂，我問他：「你參加課程，為什麼要經過老公同意呢？你是花老公的錢嗎？」他說：「不是，是花自己的錢。但他不同意，我硬要來的話，他就會跟我離婚。」

他們的互動模式就是「他指責，他討好」。

老公的威脅策略確實是有效，當時我對這位同學說：「你看，你堅持做自己，就會離婚。你要委屈自己，不斷做出妥協，才能維繫婚姻。對你來說婚姻的代價就是你要不停地妥協和委屈，這是你想要的嗎？」

這個同學明白了，其實自己的事，是自己決定的。自己想去做或不想去做，不應該由老公操控。如果一直靠妥協來維持婚姻，那我寧願不要。他指責或威脅，我都要堅持自己。下次他來的時候，我問他：「離婚了嗎？」他說：「沒有，雖然老公很生氣，還是不支持我來上課，但那也沒辦法，我想來，誰都阻止不了的，他只能妥協。」說這句話的時候，這位同學露出了得意的笑容，因為堅持自己，老公改變了，這個同學也得到了他想要的自由。

改變講道理的方式

對講道理的人來說，看起來他總是在為這個好、為那個好，那他需要承認其實他更想為自己好。

一個同學是個小企業老闆，公司主管有情緒的時候就去搞下屬，結果搞得兩個優秀的銷售想離職了，這讓同學很頭疼。主管有能力但小心眼，開除不適合，不開除也不適合。於是他去跟主管溝通，指出主管這樣搞辦公室內鬥是不對的，這會傷害到兩個銷售，人家這個地方沒有錯，所以你不應該這麼對待他們。

同學站在一個正直、公平的位置，但主管很生氣，指責了同學：「你就是偏袒那兩個銷售！」同學很委屈，認為我在好好跟你講道理，你幹嘛要指責我？

這個同學的道理顯然是站在了「為那兩個銷售好」的角度。我跟這個同學說，你被說偏袒、覺得被誤解，這很正常，因為你的動機不是偏袒他們，而是維護業績。對你來說，兩個優秀的銷售離職了，你的生意也會受到很大的影響，其實你最想維護的是自己。那何不直接跟主管表達呢？

同學嘗試了新的表達：「你這麼做，讓我很難處理。如果那兩個銷售離職，我們公司的業績怎麼辦？我賺的錢就會減少了。我希望你跟他們好好處理關係，不要影響到公司整體業績。」或者「你是主管，你有辦法不減少業績也行，我最在乎的不是那兩個人，而是整體業績」。這時候的表達就站自己了。雖然也沒有站主管，但這個同學在維護自己總比在維護他人要好理解多了。

如何應對他人的索取

那麼，要如何應對他人的指責、講道理、迴避和討好呢？還是按照你的本能反應反著來——雖然反著來不是最好的方法，甚至不是最有效的方法。最好的方法是根據實際問題進行實際應對，透過理解與共情來建立連結，其次是一致性地表達自身需求，但反著來是比較簡單和容易學會的方法。

「反著來」是一種走出舒適地帶的冒險，當你能夠走出舒適地帶，找方法就不是一件難事了。

一個人習慣了指責，高姿態就是他的舒適地帶。你讓他低姿態，道歉、低頭、撒嬌、賣慘，請求對方的幫助，他會很不適應，會覺得丟臉、沒面子、不自在、羞恥。對有的人來說，「對不起」和「求求你」特別難，低頭比殺頭還要難受。

一個人習慣了講道理、為別人好，所以給建議就是他的舒適地帶。你讓他先去承認自己的要求其實是為了自己，他會覺得羞恥、恐懼，彷彿這樣的自己是個自私的人，就要被打壓到深淵一樣。對他們來說，「因為我想要」比脫光了還要難受。

一個人習慣了討好，妥協就是他的舒適地帶。你讓他堅持自我、指責、維護界限、發出聲音，他會覺得很恐慌，生怕帶來自己無法面對的更大衝突，就像逼著一個還不會拿槍的人上戰場一樣。

一個人習慣了迴避，放棄就是他的舒適地帶。你讓他留在問題裡去表達自己，他會覺得頭大、麻煩、累、心煩，都不如換個人、算了吧、離婚來得簡單，像極了硬著頭皮去做那些不想做、不可能做到的工作一樣。

一個愛自己的人，會不斷嘗試走出舒適地帶，去適應新的環境、新的事情、新的人，而不是幻想讓環境和他人來適應自己。當你有了愛自己的意識時，你就願意走出舒適地帶，願意尋找更有效的策略。雖然現在我無法告訴你針對某件事的具體有效策略是什麼，但你可以透過學習、求助、請教等很多方式，找到新的方法。

當然，你也不一定非要走出舒適區。舊有的方法雖然很熟悉，但會搞砸關係；新方法或許更有用，但會有低自尊、委屈、恐懼等負面體驗。人生本來就不完美，有時候你無法都得到，要麼忍受關係搞砸的苦，要麼忍受挑戰新模式的苦，看你覺得哪個更值得。

反著來並不是絕對有效的方法，很多時候這也無法真正改變他人，那你就要站在更高的角度去思考：發生了什麼，還可以怎麼做。下一課，我們就會跳出事件的問題，從關係層面來重新看待問題。

最後總結一下，改變他人，一共分2＋1步：

1. 評估現在使用的無效方式是四種中的哪一種。
2. 反著來。沒有第一步，這一步就很難。有了第一步，這一步也還是很難。
3. 覺得挑戰值得，且有走出舒適區以及能夠冒險的心。

思考改變對方

1. 對方做了什麼讓你不開心的事？
2. 對此，你做了什麼來應對？
3. 你覺得這種應對，是指責、講道理、討好、迴避中的哪一種？
4. 如果採用認錯、示弱、求人幫忙等低姿態方式，你會怎麼表達？
5. 如果直接表達你講道理是希望他能為了你好，你會怎麼表達？
6. 如果堅定並堅持直接表達你的感受、想法和願望，你會怎麼表達？
7. 如果把你的擔心和顧慮講給對方聽，你會怎麼表達？
8. 你覺得哪種方式可能有用，這種處理方式會有什麼效果？
9. 這對你來說要承擔和付出的代價是什麼？
10. 對你來說，這是你願意去嘗試和努力的嗎，為什麼？
11. 這個過程給你的感覺是什麼？

Lesson 02

從三方面經營好關係

01 思考關係，而非思考問題

什麼是迫害者思維

關係中必然會出現矛盾，那麼在關係裡，不管你是誰、他是誰，學會如何處理矛盾才是更重要的。

幸福的關係不是一定會和諧美滿、沒有問題的，而是當問題發生的時候，兩個人能用恰當的方法去面對和化解矛盾，這決定了你是否能經營好關係。換句話說，幸福的關係不在於沒有矛盾，而是如何處理矛盾。矛盾的本質是渴望愛而不得，當你希望自己能被對方愛，可是他有別的事情要忙或者他此刻狀態不佳、他此刻不能滿足你時，甚至他可能正在從你這索取愛，或者忙著要去付出愛給他人時，你就會感到矛盾。

解決矛盾，實際上就是掌握「如何被愛」的能力。其實，你可以做很多事情來修復關係，讓自己感覺被愛，而培養或修復關係最重要的第一步就是「向內看」。具體來說，第一個問題是：「當你體驗到痛苦的時候，你的第一想法是什麼呢？」

比如，有同學說：「老公把他的家人放在第一位，凡事維護自己家人，行為舉止都顯得過於親密。」

他的第一想法是「老公錯了」：都已經結婚了，還把父母的家庭放在第一位，到底誰才是陪你過一輩子的人，自己搞不清楚嗎？為了維護跟你媽的關係，你要不惜得罪自己的老婆嗎？為了讓你媽開心，不惜置老婆於不顧嗎？真是太氣人了！

這個同學很痛苦，他希望老公能為此負責。實際上，在關係的矛盾中，大多數人的第一想法是找對方墊背，看看他的什麼錯導致了我現在的痛苦。一旦找到了對方的錯，你不去覺察的話，就會不由自主地沿著這條思路越想越遠，比如：「都是你的錯」，「你不夠好」，「分開算了」，「沒辦法繼續下去了」，「我當初眼睛瞎了才要跟你在一起」，「真後悔沒聽你媽的話，現在看來，他當時阻止我是要救我啊」……

沿著這條思路想下去真的很過癮、很發洩，然而這思路有一個巨大的漏洞——既無法解決實際問題，也不能安撫自己的難受。這種思維方式，我們稱為「受害者思維」，也就是「向外看」。在受害者思維裡，有一個迫害者，都是這個迫害者的行為迫害導致了我的痛苦。

什麼是責任者思維

我們不去討論你的對錯。很多時候，你找的原因都非常正確。對這個同學來說，老公的確有錯的角度——夫妻關係是大於原生家庭關係的，只有把伴侶放在比父母更重要的位置，關係才能和諧。

但遺憾的是，即使找出了這個原因，卻什麼都改變不了。錯的是對方，但往往承受痛苦的卻是那個「對的人」。你覺得對方錯了，他反而瞪著一雙無辜的大眼睛望著你：「有需要這樣嗎？」彷彿在說是你太計較了，是你的錯，於是你更憤怒。

這時候，憤怒的人要怎麼做呢？還是像以前一樣用力證明錯的是對方嗎？當然可以，只是這不能解決問題，更不能解決痛苦。這時，你就需要換一種思維方式，轉換成「責任者思維」——也就是「向內看」。

責任者思維是一種面對未來的視角：我可以做些什麼，讓自己感覺好受一點？

受害者思維是透過對錯來規定責任的：「誰錯了，誰就要負責」；「都是你的錯，是你傷害了我，所以你要為我負責」；而責任者思維是以可能性為基礎來規定責任的：「誰痛苦誰負責」，「誰有需要誰負責」，「誰最能改變誰負責」。

受害者思維聚焦的是過去的錯，是在尋找原因；責任者思維關注的是未來的可行性，是在尋找方法。過去的原因並不一定能對應解決的方法，因為不是每個原因都能改變。而且，能改的地方不一定是錯的，只是這些改變能讓結果更好。

行動掌握在你的手中，在責任者思維裡，重點在於你透過自己的改變和行動，來讓自己感受變好。

負責自己的感受

聽到這裡，你可能會說：「明明是他的錯，卻要我來改變，憑什麼啊？」這時候你還處在受害者的思維裡。為自己負責的第一個原因是「感受屬於你」。我們說的負責不是為誰的錯誤負責，而是為自己的感受負責。畢竟，感到難受的人是你，當你體驗到痛苦的時候，比起找出誰錯了，更重要的是如何讓自己好過一點。

有的人會對「責任」二字有抗拒，覺得委屈。

要知道的是，無論是不是你導致了結果，結果都是你在承受。比如說，長得不好看不是你的錯，但的確還是需要你負責；一個人開車撞你然後逃逸了，這不是你的錯，但你還是要負責。你生病了，生病不是你的錯，但你要為此負責。公司裁員了，被裁員不是你的錯，但你要為此負責。老公出軌了，被出軌不是你的錯，但你要為此負責。很無奈對吧？

但事實就是這樣啊。

在兩個人的關係裡，你們之間遇到的各種矛盾可能不是你的錯，但是痛苦的感受是你的，不管你是抱怨也好、憤怒也好，上天入地、到處打滾也好，你都得為此負責。我們除了去計較誰對、誰錯之外，如何為結果負責是更重要的，並不是誰錯了誰才應該負責。

「負責」的意思就是照顧，當我在關係中受傷了，我可以怎麼照顧我自己。

不同應對方式，決定關係走向

有些人會用「我什麼都做不了」來逃避責任。

比如有同學說：「我老公天天玩到十二點後才回家，愛跟我玩冷暴力，經常喝得醉醺醺才回來，跟他說了無數次他都不改，明明是他的問題，我要怎麼負責？」

他冷暴力和醉醺醺是他的事，而「說了無數次」則是你的事，顯然這不是次數的問題，而是這個方法對經營關係毫無用處。

責任者思維有兩個方向：

1. 思考當下你做什麼改變可以讓老公不去冷暴力、更少喝酒、更早回家。
2. 即使老公晚回家，你做什麼可以讓自己不難受。

不同的方法會導致不同的結果，同樣是老公十二點之後才回家，有的人一開始是忍，忍不住了就開始指責：「不說你，你就沒感覺是吧？你還要不要這個家了？不想要就離婚！」兩個人就開始大吵大鬧，直到對方妥協。

有的人會講道理，在老公第一次晚回家的時候就問清楚原因，進行一致性表達，讓彼此知道對方的感受以及規則的重要性。兩個人協商好回家的時間，建立共同的家規，約定不輕易逾越。

當然還有很多、很多的應對方式，比如還有破罐子破摔的：「你不回家是吧，那我也不回家，我也三更半夜才回家，看誰先受不了！」如果對方更在意關係，對方就會妥協。也有的人會找父母幫忙，或找靠得住的人幫忙解決自己這些矛盾。

這裡不去評價這些應對方式，只要你的方式能解決矛盾或痛苦，用什麼方式都可以。我只是想說，在關係中遇到矛盾，不同的應對方式，關係就會變得不一樣。只要能達到你的目標，讓你好受一些，這都是責任者思維可以做的。

從「他做錯了什麼，讓我如此痛苦」切換到「此刻，我可以做些什麼讓自己舒服一些」，你會發現，我們可以左右自己的感受，而不是一直把主動權放在別人的手裡。

很多人喜歡追問對錯，甚至比較誰對、誰錯，更重要的是，此刻我們還可以做什麼。

從解決問題到解決關係

遺憾的是，很多時候這些方法其實沒什麼用。有時候，你會發現：時間久了，好話說盡了，壞話也講完了，方法找遍了，關係反而更差了，好像對方真的只是一個製造痛苦的人，不會有任何改變的可能性。你只剩下「離開」這一個方法了，但即使離開，也安撫不了你的痛苦。

初級責任者思維會去解決關係中的問題，而高級責任者思維則會去解決關係，因為關係中真正的問題不是你們當下的某個矛盾，而是你們的關係出了問題。比如說老公喝酒，不是喝酒的問題，而是關係的問題。責任者會去思考，老公為什麼會抗拒跟自己接觸，甚至選擇透過喝酒、晚回家的方式來表達他的反抗？

一旦你的思維從關係的角度切入，你會發現更多值得深入思考的問題：

- 我是一個什麼樣的人，對他來說還是有魅力的嗎？
- 他是一個什麼樣的人，我還欣賞他嗎？
- 我們之間的關係，是親密的嗎，和以前有變化嗎？
- 我們彼此是怎麼處理關係的，有什麼模式呢？
- 什麼時候開始，我的感受對他來說變得不重要了呢？

- 他發生了什麼，讓他抗拒我？
- 我做了什麼，讓他抗拒我？

從關係層面開始思考，你的視野會更開闊，也會找到更多可能的解決方法。

處理單一事件，是「問題導向」的思維；處理整段關係，是「關係導向」的思維。在關係思維裡，你會更接近問題的本質。那麼，如何經營關係呢？

美國心理學家羅伯特·史坦伯格（Robert Sternberg）認為，愛情的三要素是：激情、親密、承諾。實際上不僅是愛情，好的感情都需要這三個要素。在接下來的內容中，我會從激情、親密、承諾三個方面談論如何提升兩個人之間的感情。需要注意的是，「絕對完美」的關係是不存在的，每做一分努力，你得到的感情就會多一些。

思考責任者思維

1. 對方做了什麼讓你不開心的事？
2. 你覺得，對方有哪些錯導致了你痛苦？
3. 當你找出對方這些錯時，你的感受是什麼？
4. 當你這麼想、有這種感受的時候，你想做的是什麼？
5. 此刻，切換到責任者思維：你做什麼，可以讓自己好受一些？
6. 這兩種思維對你來說，有何不同？
7. 更深一步思考，當下的矛盾反映了你們的關係有哪些相處問題？
8. 你覺得彼此的關係還有哪些是吸引力？
9. 你覺得彼此的關係裡，是否出現了「嫌棄」？從什麼時候開始？
10. 你們的矛盾裡，你和對方分別需要承擔的責任是什麼？
11. 假如你承擔了這部分責任，你覺得你們的關係會有什麼不一樣？
12. 這給你的感覺是什麼？

02 提升自己的魅力

魅力＝吸引力

激情來自於魅力，魅力就是吸引力。你的魅力值越高，你吸引別人的力量就越大，你能得到的愛也越多，別人對你的缺點包容力也就越大。

我有一個女性朋友——準確說應該是很多個，二十多歲，長得好看，特別聰明，肆意灑脫，在我眼裡就是人生贏家。但缺點也不少，小心眼、做作、愛記仇。聰明人的記仇往往帶著邏輯性，我都不敢跟他吵架。他有一個男朋友，對他特別體貼，幾乎是有求必應。

我常常開玩笑地問他：「你這樣，以後男朋友不想要你了怎麼辦？」每當這個時候，他也總會驕傲地說：「你覺得，像我這樣的還愁找不到對象嗎？追我的人可有一大卡車，我在這幫人裡隨便挑個適合的就好了啊，這個不行還有下一個啊。」

的確，我想包容他還沒這個機會。他的魅力，掩蓋掉了他性格上的一些缺點，讓他十足被愛。他男朋友因為喜歡他的一眾優點，所以也願意接納他的這些缺點。

魅力的好處就是讓別人跟你在一起有「占便宜」的感覺，從而更願意對你好，甚至會慶幸你有些缺點，讓對方覺得能夠配得上你。

魅力實際上是一種讓人迷戀的優秀特質，這種特質可能是外在的，有錢、有外表、有高學歷、有好工作，可能是性格好，溫柔、體貼、開朗、陽光、幽默，可能是其他。總之，你迷戀一個人，一定是因為他身上有一種你難以抗拒的「好」。

每個人在意的優秀點不一樣，你只會被你在意的那些點吸引，同樣你的優秀也只能吸引在意這個部分的人。

比如有的人去相親，對面坐了一個五十多歲、大腹便便的暴發戶大叔，油膩又粗魯。可有的人偏偏就是喜歡有錢的，喜歡好多、好多錢，那他可能就會挽著大叔的手臂開開心心發文，信誓旦旦地配上文字：「我就是喜歡這種年紀大一點的成熟男人，愛情嘛，就應該選擇一個自己喜歡的！」大叔的魅力如果足夠貼合對方的需求，就能獲得想要的愛，而對於另外一個不在意錢的人，他就會對大叔感到反感，這時候大叔對他而言就沒有魅力。

比如說，一個人愛開玩笑，有的人覺得他幽默和富有活力的，容易被他吸引，另外一些人看到的可能是不正經、沒分寸、不可靠，在這些人眼裡，這個特點就是沒有魅力。

魅力是相對的，不是你擁有了多高的學歷、多大的能力、有多漂亮，你就能擁有了魅力；不是說你對某人來說沒有魅力，你就是個沒有魅力的人了。

渴望魅力是正常的

被魅力吸引是一種不受個人意識支配的反應，完全是荷爾蒙和多巴胺在操控。

迷戀不僅發生在單身群體中，已婚的人同樣會被他人的優秀特質深深吸引。在我們的課堂裡，經常遇到這樣的求助者：我老公對我很好，很體貼、很溫柔、很有責任心，但我就是喜歡別人了。我們辦公室來了一個新的男同事，每次跟他聊天，我都覺得充滿驚喜。他腦袋聰明、風趣幽默，讓我總是想靠近他，我好內疚。

自己的伴侶很好，我也不想放棄，但我還是喜歡了其他人，好像「家裡紅旗不倒，外面彩旗飄飄[2]」是很多男女的夢想。於是經常有人發出這樣的感慨：以前談戀愛是爸媽不給，現在談戀愛是老公不讓；老婆不允許我談戀愛，怎麼辦？

還有的人會被已婚人士吸引，自己又不想當小三，於是也覺得特別痛苦。要麼偷偷遏

2 帶有調侃意思，形容一些人有穩定伴侶或婚姻，依然在外追求其他感情或曖昧關係，近似於「吃著碗裡，看著碗外」。

制自己這種情感，深夜的時候胡思亂想。要麼忍不住了進展成地下情，在不安中打破自己的底線。

道德與情感經常在自己身上糾纏，想控制但控制不了，於是「愛上不該愛的人」在很多人的生命中都曾上演。僅僅用道德來約束自己是很難的，這種糾結的本質就是內心道德的標準與對魅力的渴望之間的對抗。理性或許能短暫奏效，但要長期維持有效是很難的。

其實大可不必過於糾結，渴望魅力、被魅力吸引都是正常現象。並且，有所喜歡是一件值得高興的事。當有一天，你感覺不到生活的意義，覺得生活波瀾不驚，你可能喪失了對魅力的感知，不知道自己在意的是什麼，沒有喜歡的東西了，那才是真正的絕望。

你可以去思考魅力是怎麼產生的，就可以從根源放下這不合時宜的、該死的魅力吸引。即使你的關係很正常，你也可以去思考魅力是如何產生的，然後吸引你想吸引的人，或讓你的伴侶更加喜歡你。

渴望魅力的原因

那魅力是怎麼產生的呢？

魅力就是優秀，迷戀則來自於優秀。然而，並不是所有的優秀都能讓你著迷，你只對某種特定的優秀產生感覺。你可以思考的是，優秀的人那麼多，你為何單單迷戀這個人呢？每個人都有優秀的地方，為什麼你只迷戀這種特質的人呢？

人之所以喜歡某種優秀的人，是因為在他們身上看到了理想的自己。這些讓你迷戀的特質其實是你很希望能夠擁有的東西，但你就是做不到，或者做起來很累、很難。

我有一個來訪者，大專畢業，透過自己吃苦能幹創辦了一家外貿公司，順利地在北京結婚、置業，有了一個幸福的小家庭，老公是公務員，是很穩定的老實人。他來找我諮詢情感問題，說他愛上了一個小十歲的客戶，但是不能在一起，因為他還沒有決定好離婚，即使離婚對方也不一定願意娶他。

我們探討他喜歡這個客戶的原因，他說：「他很幽默、有才華，經常講故事、講笑話給我聽，我覺得很開心。」然後我就問他：「你是否覺得自己的生活過於無聊了呢？」

這個來訪者猛然醒悟：結婚十三年了，自己和老公都是那種踏實奮鬥型的人，人到中年，生活雖然穩定了，卻總覺得少了些什麼。他缺的是活力，而這個男客戶恰好呈現了活力的一面，讓他覺得生活變得精彩了。

老公雖然很愛自己，但還是太正經了；自己雖然是個成功人士，但還是太正經了。他渴望活力、渴望精彩，所以愛上了有活力、幽默、小十歲的男生——他愛的不是這個男生，而是心中缺失的部分——但是這個男生在同齡的很多女生眼裡並不討喜，因為他有著很多女生討厭的特質——窮，還不上進；皮，還不正經。

二十幾歲的女生對他的不正經和活力是無感的，他們更喜歡那種有上進心、責任感強的「正經」特質，因為這時候的女生最需要的就是力量。初入職場或剛經歷過職場的洗禮，處於挫敗和迷茫期，這時候的女生會對單獨奮鬥感到特別累，特別渴望有一個有力量的人帶著自己或陪著自己一起奮鬥。但對於四十歲的女生來說，奮鬥和力量這個詞就相對無感了，因為他們早已擁有這些東西。

你迷戀什麼、喜歡什麼，其實是因為你沒有什麼。

被魅力吸引的深層原因

透過靠近一個具有這樣特質的人，你可以假裝自己也擁有了這項特質。自己做不到、沒有的、覺得很難做到的，就要透過喜歡一個「有」這個特質的人來補償，而擁有這個特質的人，在你看來就是有魅力的。

你覺得賺錢很辛苦，你就會喜歡有錢人，你跟他在一起會覺得自己也有錢了；你覺得自己知識貧乏，就會喜歡一個知識豐富的人，跟他在一起，你就會覺得自己也擁有了知識；你缺乏自信又渴望自信，你就會喜歡一個看起來自信的人。因此，你也可以理解，魅力並不是通用的，在不同的人眼裡，感受到的魅力是不同的。

魅力的形成，有三個缺一不可的條件：

1. 對方擁有某項優秀特質。
2. 你恰好缺這個優秀特質。
3. 你在意自己沒有這個優秀特質。

對方很優秀，臺大、清華、北大或常春藤畢業，而你只是個普通的專業科系畢業生，但只要你對此無感，並不在意這個不足，你就感受不到對方這部分的魅力。如果你有名校情結，夢想自己也能考進名校卻做不到，那麼他便會對你產生吸引力。你的情結越強，他的吸引力就越大。

現在有個有趣的社會現象，商人越來越像官員，官員越來越像教授，教授越來越像商人。這個現象就在說，一個人對另外一個人的迷戀，是因為自己內心也渴望如此。

在「魅力」中，人真正喜歡的其實不是優秀的對方，而是那個內心求而不得理想的自己。有的人會覺得不是，他們認為自己的喜歡並不是理想的自己。比如說，你喜歡長得好看的人，但你覺得理想的自己並不期待長相，這是因為「好看」對你來說有其他含義，你可以問自己：你為什麼喜歡對方的好看？他好看在哪裡？

喜歡長得好看的人，可能代表著被羨慕的渴望。你覺得好看的人是被認可、被羨慕的，那你理想的自己就是一個被很多人認可的形象。這可能代表了自律，你覺得好看的人一定很自律，那你理想的自己就是也成為一個自律的人。這可能代表了善良，你覺得好看的人都很善良，那其實你理想的自己就是成為一個善良的人，甚至也可能代表了高級感，代表了優秀。

當你無法將自己與理想的形象對應時，你就問自己：你喜歡對方的這個點代表著什麼，而那裡面就是你理想自己的樣子。

如何提升自己的魅力

現在我們已經掌握了魅力的原理，那麼該如何提升自己的魅力，輕鬆捕獲心儀對象的心呢？

其實方法很簡單，就是兩個步驟：

1. 看對方想要什麼、羨慕什麼。
2. 看你自己如何成為這樣的人。

我們先聊第一步。不要以為只要努力讓自己變得優秀，就會變得有魅力了。你要先思考，對方想要成為什麼樣的人，對什麼是感興趣的——對症下藥很重要。

在婚姻裡，很多男人認為自己拚命賺錢，有了更好的經濟能力就會被喜歡，實際上他們的老婆渴望的是一個細心、體貼、風趣的男人。很多女人覺得自己賢慧、持家就會被喜歡，實際上他們的老公可能對一個優秀的保姆無感，他們更喜歡一個獨立、自我、講究不將就的女人。

怎麼知道另一個人想要什麼呢？

只要你有心，你就有很多方法知道。比如說，你可以去問他羨慕什麼樣的人，為什麼喜歡這些特質。你也可以跟對方討論電視劇角色、討論身邊的人、討論理想與愛好，來觀察他認同、羨慕怎樣的人，他有什麼樣的理想與愛好，然後你就知道了他的理想自我是怎樣的人了。

第二步，就是成為擁有這個特質的人。

對方喜歡有才華的，那你就多讀書、多學習；對方喜歡身材好的，你就堅持健身鍛鍊，練就一身肌肉；對方喜歡外表好看的，但是先天不足，那你就學習穿搭、化妝，提升可以提升的，改善可以改善的。對方喜歡有錢的，那你就好好工作、好好奮鬥，努力賺錢。總之，對方喜歡什麼、迷戀什麼、渴望什麼，你就變成什麼，甚至擁有什麼。

改變自己的三個方法

你可能就會問：「他希望自己打遊戲很厲害，難道我要學著打遊戲嗎？我明明是一個穿著隨便的人，難道我要為了對方去強迫自己天天精心打扮？我明明是一個清高的人，必須要讓我向拜金主義低頭嗎？按照這個方法走下去，行得通嗎？改變這麼大，我還是我嗎？為了所謂的魅力，我真的要委屈自己，不做自己了嗎？」

首先，別忙著定義自己是個什麼樣的人，你可能在為了抗拒關係而強行劃界限定義自己。其次，你需要知道的是，在關係裡願意為對方做些改變，是件必然且必要的事。

你喜歡一個女孩，而這個女孩喜歡錢，但是你沒有錢，你該怎麼辦？如果你指責他「不該這麼現實？不該這麼庸俗？不該喜歡錢？」這樣，女孩依然不會喜歡你的。

你得努力去賺錢，有了錢，女孩就會喜歡你了，但這樣的代價就是你需要付出一些改變。如果不想改變，那麼你就不要讓這個女孩主動喜歡你，你自己單方面喜歡他就好。你也可以選擇不再喜歡他，換個能欣賞你的人，但是欣賞你的人，你就不一定看得上了。人生就是這麼矛盾重重。

那麼，有沒有什麼方法可以緩解這種痛苦，讓改變過程不這麼委屈呢？

首先想想，你有可能得到你喜歡的人啊，這個誘惑不夠嗎？看到喜歡的人因為你的改變而欣賞你時，你不開心嗎？

其次，去尋找這種變化可以帶給你哪些好處。比如你不喜歡遊戲，但為了對他來說更有魅力，你需要去學習如何玩遊戲，那你就需要找到遊戲能帶給你的好處是什麼？是更多與人連結的談資，是思考無良資本家怎麼用套路拐走玩家的錢的，或是一種放鬆的可能等，遊戲可以帶給你的學習意義太多了。

再比如說，你不喜歡賺錢，但為了讓有錢成為自己迷人的特質，你不得不去努力工作，那你可以多去尋找有錢的其他好處：是可以享受更高品質的生活，可以去旅行，或可以有更穩固的養老保障。

你發現越多對自己有用的好處，你改變自身的動力就會越大。這個並非是自我安慰，一開始你可能看不到大多數人眼裡的優秀價值，但只要你肯深入去瞭解，就會有意想不到的收穫。人容易被自己熟悉的東西禁錮，很難靜下來去瞭解一個新的事物，但是喜歡一個人恰好給了你動力去接觸他喜歡而你不熟悉的新事物。

當然，你不必勉強自己改變，你喜歡的人對你吸引的程度，就是你願意為他改變的程度，而那些你不想勉強改變的地方，就是你沒那麼喜歡對方的部分。

第三，這個好處不一定是你自己去尋找，而是跟對方一起去尋找。你可以去跟對方討論他為什麼喜歡這些地方，哪裡好、為什麼好，邀請對方分享。這時候你就會發現：你在跟對方談論一個他感興趣的話題，同時他作為這方面的專家會給你很多有趣的經驗，你的人生得到了極大拓展。

將迷戀轉化為行動

有些關係是不得不放手的。

那麼，愛上不該愛的人怎麼辦？如何解除對另外一個人的迷戀？總不能被某人吸引，就要放棄現在的關係跟他私奔吧，也不能為了一個明知道沒有結果的人，放棄太多吧。其實很簡單，同樣只需要兩個步驟：

第一步：弄清楚自己迷戀的究竟是什麼

你需要好好問問你自己，你到底喜歡他什麼？你為什麼喜歡？這個哪裡好？想要停止迷戀不該迷戀的人，首先應該弄清楚你這份迷戀的根源。

第二步：將迷戀轉化為行動

臨淵羨魚，不如退而結網。你需要認真問問你自己，你能不能自己實現迷戀的這些特質呢？你迷戀好看的外表，那就學習如何穿搭打扮，讓自己看起來更好看；你迷戀幽默的智商，那你就多讀、背誦一些有趣的段子直到能靈活運用；你迷戀別人的才華，那就抽時間多看看書、多充電。

你可以認真思考怎麼做才能擁有這些特質，然後制定一個計畫，一步一步讓自己變成那個優秀的人。

雖然你不可能完全成為某種人，但每努力一點，你就離讓你迷戀的特質更近了一些，你就越接近理想的自己。到最後，你成功了，也就不會再去迷戀別人了，你也就不會因為這個問題而痛苦了。

等到那個時候，你也是一個很有魅力的人了。

思考魅力

轉化自己：

1. 對方身上有什麼是你喜歡、羨慕、覺得優秀的部分？
2. 你做什麼可以讓自己接近或得到這些優秀特質？
3. 為何這些就是優秀，擁有這些優秀特質，對你來說意味著什麼好處？
4. 你可以怎樣向對方請教，更好地獲得這些優秀特質？

5. 你做什麼，可以讓自己接近或得到這些好處？
6. 想像一下，當你身上有了更多這樣的優秀特質或好處後，你怎麼看待對方？
7. 這個過程給你的感覺是什麼？

理解他人：

1. 你覺得，對方眼裡的興趣、羨慕、優秀的特質或特點是什麼？
2. 你猜一下或者探討，為何對他來說就是優秀的存在，哪裡好？
3. 你猜一下或者探討，對方覺得你身上是否有這部分的優秀特質，他如何看待？
4. 你可以做什麼表現或增加自己這部分的優秀？
5. 想像一下，有了這部分優秀後，你覺得對方會怎麼對待你？
6. 對你來說，有了這些特點後，你會得到哪些好處？
7. 這個過程給你的感覺是什麼？

03 製造親密感

親密感的本質

親密感，也稱之為依賴，就是兩個人內在連結的緊密和穩定程度。你感覺到自己跟對方越親密，其實就是你越想依賴他。你依賴得越深，他對你來說就越重要，對他來說你就越穩定。親密感，就是你跟另外一人的心理距離。

親密感給人的感覺是踏實的。當你對一個人產生親密感的時候，你也很難真正對他生氣，因為你感覺到對方就是自己的一部分——不是另外一個人。生氣，就是你感覺到對方在跟你分離，覺得對方不屬於你了，所以生氣多數時候都是一個人感到對方跟自己不親密時所產生的恐慌，想要用生氣的方式把對方拉過來，重新屬於自己。

一個同學說起自己的經歷：明明跟老公約好今晚八點去看電影，結果老公臨時要加班到很晚。一開始的時候，他是很生氣的，他滿懷期待的約會泡湯了，於是在電話裡跟老公發脾氣，可是老公以工作忙為由並沒有給他多少時間吵架，於是他決定等他回來再吵。這時候，他生氣是因為老公那一刻選擇了加班而不是他，那一刻老公好像拋棄了他，不再屬於他，不再為他提供依賴了，於是他坐在客廳沙發上，看著時鐘等他回家。

九點過去了，他盯著聊天紀錄咬牙切齒地傳了訊息：「現在還不回來，不回來就別回來了，乾脆住在公司好了！」

十點過去了，他一邊喝茶一邊看電視，哀怨地說：「工作、工作、工作，每天就只知道工作，什麼垃圾公司，這麼晚了還在加班。」

十一點馬上就要到了，外面的風很大，路燈昏暗，老公還是一點消息都沒有。他開始降低生氣的情緒，內心逐漸升起擔心，分離的衝動緩緩退去，害怕失去老公的衝動越來越強烈。終於，他聽到了鑰匙開門的聲音，吵架不到一分鐘，他便轉身去廚房端了一碗飯。

對同學來說，並不是老公多優秀而喜歡老公，而是他們之間經歷了風風雨雨，早已建立了很深的連結，成為了彼此的一部分。他一方面生老公的氣，一方面又擔心著老公。他知道，老公雖然很氣人，但是是他生命裡無可替代的一個人。在老公回來的那一刻，他依然相信對方是值得被依賴的。

親密感是那種雖然說不出哪裡好，但就是無可替代的感覺。不是他有多好，而是一想到他，你就會感到溫暖、不會害怕，那麼他對你來說就是無可替代的。

不過，親密感不一定是雙向的。你覺得另外一個人很親密，跟他沒有距離感，但對方未必覺得跟你是親密的。

形成親密感的原因

那麼，親密感是如何產生的呢？

當你某處的脆弱剛好被某個人填補時，就會開始產生親密感，其實這種現象在夫妻生活中尤為常見。比如今天你在公司忙了一天，好不容易到了下班的時間，回家一開門，就要開始做飯、洗衣服、拖地、擦桌子。公司有忙不完的工作，家裡有做不完的事。老公很晚才下班，晚飯只能你來做，孩子只會幫倒忙，把客廳搞得一團糟。一家三口，你只能指望你自己。

你看著窗外華燈初上的街道，看著街道上悠閒的小情侶，你才發現自己已經很久沒有和閨蜜逛街了；冬天都要過完了，都沒有替自己買一件美美的衣服；一直想看的電影後天就要下檔了，而你連預告片都還沒看過。

你開始覺得自己很累，覺得自己很孤獨，覺得這個家只有你在操心，覺得自己弱小可憐又無助，而這些糟糕的體驗，就是你現在的脆弱。如果這時候，你的老公打電話說要帶你去吃大餐，然後陪你去看電影，如果你的孩子送你一張他自己做的卡片，晚上貼心地替你準備一杯熱茶呢？

這一切會讓你感受到，原來你的老公、孩子是很愛你的。他們透過陪伴你、看見你、理解你，讓你感受到自己是重要的、有幫助的、被支持的，讓你不再感到孤單，甚至疲累也得到了極大的緩解。這樣一來，你就會發現你與老公、孩子之間更加親密了。

當你的脆弱剛好被某個人填補了，便開始產生親密感，或進一步得到了提升。

那麼，脆弱是什麼？你的脆弱其實是你無助、沮喪、難過的時候所暴露出來的短處，而這個短處就是你缺失的一部分自我。某種層面上來說，脆弱就是那些讓你感到辛苦、疲憊、困難的地方，就是你的無能為力，是你不能照顧自己的地方。

你害怕孤單，其實是你沒有能力照顧現在的自己；你感到焦慮，其實是你沒有能力照顧自己的未來。你感覺到內在有一部分是沒有辦法自己照顧好的，這讓你感覺到自己不完整，體驗到了很深的無力感。

恰巧，這時候有一個人用他的特長補全了你的短處，讓你感覺到巨大的安慰。你借助他的力量慢慢成為一個完整的人，你覺得跟他在一起時，自己變得更好了。同時，你對他的好感也越來越強，你越來越依賴他，你發現他已經是你最、最親密的夥伴了，你們已經有了最堅固的夥伴愛，他已經是你不可替代的一部分了啊！

當產生依賴時，即使對方有其他的缺點，只要這些缺點不影響你內在產生的依賴感，親密感就會一直持續下去。婚姻之外的親密也很正常，電視劇《蝸居》中，郭海藻受到宋思明大量幫助，就因此愛上了宋思明。

思考一段關係中的親密，從來不是因為它應不應該，而是你或他滿足了對方某種需要，照顧了對方的某部分脆弱。

發現他的脆弱

當你渴望親密，想跟一個人有深度連結時，如何讓別人對你產生親密感呢？其中一個方法就是讓對方依賴你，當你成為他不可替代或很難被替代的一部分，他就會對你產生親密感。這個過程可以分為兩個步驟：

1. 發現他的脆弱。
2. 填補他的脆弱。

這兩個步驟非常有效。我有一個學心理學的朋友（我說的是朋友而不是我），很多次都是用這樣的方法俘獲了女孩子的心。我們先聊第一步，如何去發現別人的脆弱呢？

脆弱有兩種，一種是別人主動暴露脆弱，一種是需要你去主動發現。第一種很少見，畢竟一個人主動跟你袒露脆弱本身是需要很大的勇氣的。如果有，那你一定要好好珍惜。我更想談論的是第二種，如何主動發現對方的脆弱。

脆弱的表現形式就是負面情緒。如果一個人有了憤怒、委屈、焦慮、孤獨等等情緒，一定是他內在的某種脆弱被觸發了，而這是一個難得的機會。很多人不喜歡對方抱怨、情緒化或發脾氣，會想制止對方，其實這恰好是推開對方的行為。要知道，情緒的真相是：對方此刻很脆弱，但他很難用言語表達，於是他被擠壓出了很多負面情緒。

比如說，你的伴侶下班回家後發脾氣指責你：「地為什麼弄得這麼髒！」然後你一臉茫然地看著生氣的對方，感到莫名其妙——平時家裡的地板就是這樣啊，也沒看過他發這麼大的火啊。於是你很想反駁他：「你今天是受到什麼刺激！為什麼把氣發在我身上了！我又沒惹你！你別把外面的情緒帶到家裡來好嗎？」

當你這樣反駁的時候，其實你已經知道他是在外面受了刺激，而他受的刺激就是他應對不了的困難，也就是他的脆弱。只不過在那一刻，你更關心的是他怎麼對待你，而不是他經歷了什麼；你更想從他那裡得到親密感，而不是付出親密。

如果你想得到他的親密感，你需要知道這是他表達委屈的方式，並非針對你。你需要跳過他指責你的這件事，直接問他：「今天遇到什麼事情了嗎，為什麼這麼不開心啊？」

一開始，對方可能會有些茫然地拒絕你的關心，你依然可以堅持你的好奇心，你可以抱抱他、拍拍他的肩，替他倒杯水，營造一個可以表達的環境，這時候伴侶可能就會告訴你今天被主管罵了等等。

當你瞭解了他所經歷的傷害事件之後，你可以進一步好奇他內心受傷的歷程。深入瞭解，你可能會發現，主管的批評讓他覺得自己很無能、很挫敗，其中更深層的恐懼是他可能擔心自己無能而失去工作，養不了家，怕連累你過苦日子。這時候你會發現，暴怒的背後是他的無能感所帶來的自我否定，是怕無法承擔家庭責任的內疚。這時候，你的心境會有什麼變化呢？

填補他的脆弱

現在我們發現了對方的脆弱，那麼就可以執行第二步了——填補他的脆弱。

首先，你可以安慰他不好的情緒，告訴他其實被批評不是他的錯。然後，你還要誇獎、讚美他，讓他知道其實自己已經很好、能力已經很強了。其次，你可以告訴他，兩個人在一起就是同甘共苦，生死不棄，你不會因此拋棄他，更不會因此責怪他。

此刻，你的安慰和誇獎已經填補了他的脆弱，你們之間的關係將會更加親密。

填補他人脆弱的方式就是安撫他的脆弱，就是關注、重視、接納、欣賞和支持他所不喜歡的自己。告訴他，他自己認為的缺點也是值得被愛的。

當他孤單，你可以表達你會多陪伴他；當他挫敗，你可以表達你的認可；當他疲憊，你可以思考如何為他創造休息的環境；當他不想上班了，你可以表達接納。關係中最動容的話，不是「我愛你」而是「還有我」，你可以向對方傳遞，其實你一直都在他身邊陪伴和支持著他。

真正的安慰，不是簡單地告訴對方：「你很好，你別哭了，別難過了，還有有比你更糟糕的呢，想開一點，都會好起來。」這些都是基本的安慰，適用於任何一個人、任何一個情況，然而輕飄飄的一句話並不能撫平別人的傷口，不能填補別人的脆弱。真正的安慰一定是先從好奇和理解開始，讓對方把內在的情緒完全表達出來，安慰的話才能真正觸及心底。

當你能夠給予對方的脆弱一些安撫，他的心就對你敞開一些。然而，這個過程並不容易，比如說：「我憑什麼要聽他的委屈，我憑什麼要照顧他的脆弱？」

因為這段關係是你想要的啊，如果你願意放下需求，你就可以什麼都不用做。

從他人那裡獲得親密感

如果你覺得自己沒有足夠的能量去引發對方的依賴感，從而獲得親密感，很可能是你自己的狀態很糟糕，沒有力量，你更渴望來自他人的滋養與支持。這時候，你需要思考如何從他人那裡獲得親密，這個過程也是兩個步驟：

1. 暴露你的脆弱。
2. 邀請他人照顧你的脆弱。

我們同樣先聊第一步：暴露你的脆弱。這其實很簡單，就是把你需要被關懷、被關注的一部分展現給你想展示的人，把你的無助、難過、傷心、恐懼、害怕、自卑以及這些情緒的內容告訴對方。

比如你今天被上司冤枉了，很難過，你要把你的難過告訴你的伴侶，你就直接告訴他：「今天我被上司罵了，他說我這也不行那也不行，我很難過，那你說這個上司是不是腦殘，明明自己什麼都幹不好只會做幾個表格，還天天盯著別人不放。這種人都能罵我，我是不是真的能力不足啊！」

如果你想從伴侶那裡獲得親密，首先你應該直接說出來你的脆弱，你為什麼會難過、傷心、憤怒，你為什麼會自卑，自卑的點又在哪。這樣，你才能讓你的伴侶察覺到你的脆弱，然後對症下藥，填補你的脆弱。

遺憾的是，人之所以不願意暴露脆弱，是因為根據經驗，暴露沒什麼好結果。你一旦表達自己的擔心，對方就會說「別整天想這些有的沒的」，你一旦暴露自己的孤獨，別人就會說「你這就是吃飽太閒」，你一旦暴露自己的焦慮，別人就會說「不是這樣的，別亂想」，反正很難說出讓你舒服的話。

這就意味著你需要進行第二步：邀請他人承載你的脆弱。

比如說，你被上司訓斥了，感到很難過，這時候你需要伴侶來承載你的脆弱，可是他不理解並拒絕了你。那你可以直接告訴他，他必須和你站在同一陣線，他不可以反駁你，要順著你，他要和你一起去罵你的上司做得不對、不好的地方，他要替你表達你對上司的不滿，也要表達你所受到的委屈和難過。這樣，你就能在他那裡獲得認同，對他產生好感並從中獲得親密感。

又或者，你被上司說能力不好，對自己產生了懷疑。這個時候，你也可以讓伴侶來非常堅定地告訴你，這件事情你哪裡做得好、為什麼做得好。這樣一來，你就能在他那裡得到肯定，同樣會對他產生好感，在他那裡得到親密。

所以，你希望對方怎麼對待你，你會感覺到舒服，你就告訴他。你從他人那裡得到親密的過程就是邀請他關心、安慰、誇獎你，填補你脆弱的過程。

最後一個問題就是：即使你花了很多力氣，依然得不到親密時怎麼辦？當依賴變得不適合，該如何放手？人之所以會產生依賴，本質上還是因為你照顧不好自己，所以渴望他人的照顧。這時候你需要思考的是，除了對面這個人，還有誰能給你想要或類似的親密感？然後跟這個人表達。

當然，你也可以學習如何讓自己成為自己的依靠，那麼你該怎麼做，才可以自己照顧自己的這種脆弱呢？

思考製造親密感

轉化自己：

1. 對方做了什麼讓你不開心的事？
2. 對方的行為，讓你體驗到了什麼糟糕的情緒？
3. 你的情緒在說，此刻你內心的脆弱（無能、無助、難過等）是什麼？
4. 你可以怎麼跟對方表達你的脆弱並邀請他照顧你？
5. 你覺得這樣表達之後，對方會有什麼感受和反應？

6. 除了對方，還有誰能照顧你的這部分脆弱？
7. 你自己可以做什麼，照顧自己的這部分脆弱？
8. 當你這部分脆弱被安撫後，你怎麼看待對方此刻的行為？
9. 這個過程給你的感覺是什麼？

理解他人：

1. 他覺得，你做了什麼讓他不開心的事？
2. 你覺得此刻，他體驗到的糟糕情緒是什麼？
3. 他的情緒在說，此刻他的脆弱（無能、無助、難過等）是什麼？
4. 你可以怎麼表達，並確認你看到了他的脆弱？
5. 在你的能力範圍內，可以怎麼做或怎麼說以照顧他這個脆弱？
6. 你覺得這樣的照顧和表達後，對方會有什麼感受和反應？
7. 這個過程給你的感覺是什麼？

04 有效使用承諾

關係中的承諾作用

承諾就是約定，而約定有兩種形式：

1. 一次性的約定

比如，對方答應等你生日的時候買名牌包包給你，答應年底帶你出國七日遊，答應今年過年去你父母家等。另外有長期的承諾，例如我下次一定改，我再也不會發脾氣了，我再也不會打你了，我再也不會出軌了，我以後一定跟你好好生活等。

畫餅也是一種承諾。在公司裡，老闆會承諾工作五年後讓你買ＢＭＷ汽車，等你做出某個業績就分你一些股份。感情裡的餅也不比工作少，你若不離不棄，我就生死相依；無論貧窮富貴，彼此都不嫌棄；結婚後錢全部都交給你管；等將來有錢了給你……當你相信這些承諾的時候，就會感到心滿意足。

2. 默認的約定

除了說出口的承諾，還有一些沒有說出口、彼此默認的承諾，那是人跟人在一起約定俗成的事，也是人們內心的規則，例如人應該忠誠，不應該出軌；分手了就應該刪掉前任的聯絡方式；婚姻中應該相互體諒；女性應該做飯，男性應該賺錢；房間應該保持乾淨；兩個人應該一起奮鬥等等。你們選擇在一起相處，就是默認答應了彼此這樣的事，而這種關於規則的承諾，也叫做義務。當兩個人建立關係，且享有權利的同時，便有維護關係和照顧他人的義務。

承諾很重要，人跟人的相處本質上是合作，合作就需要契約，既需要大的、長期的契約，也需要一些小的、臨時的契約。在關係裡，你需要給對方承諾，同時你也需要對方給予你承諾，也需要彼此承諾共同遵守關係應該有的規則，如此才能保證關係順利運行。

契約帶來的是確定感。兩個人在一起相處時，需要靠承諾來預測對方的下一步行動。從這個角度來說，違反承諾就令人討厭，因為這會打亂另外一個人的計畫。

健康的承諾

承諾很重要，但也經常被違反。

有的人對承諾有一種難以理解的偏執，當對方答應的事卻沒做到的時候，他們會非常憤怒，一遍遍重複著「你答應過我的！」，甚至要將事情演變成「你這就是言而無信」，「你這個人毫無信用」，「你人品有問題」等情況。

在預設規則裡，他們也一遍遍吶喊著自己的規則：「這是你應該做的！你就是應該……」彷彿把自己置身在關係中，就有了要求對方的資格。例如，你身為男人就應該遵守男人應該做的事；你身為妻子，就應該盡到妻子的義務。但仔細想想，「言必行，信必諾」的作風一旦放到感情裡，那是什麼感覺呢？「應該做的事就必須要做到」又是一種什麼樣的感覺呢？

如果承諾喪失了靈活性，那是一件很糟糕的事情。

我們課裡有位男性曾經講過一個故事：有一次他工作中遇到了巨大的難題，不停地在接撥電話，同時也要照顧兩歲的孩子，非常疲憊。然而他的妻子就在房間裡玩手機，不聞不問。當他向妻子求助的時候，妻子說：「我們說好一人帶一天，今天輪到你了，這是我們商量好的。」妻子做到了死守「一人帶一天」的承諾。

還有一位媽媽，答應七歲的女兒週日去公園玩，結果當天傾盆大雨，於是媽媽帶著女兒撐著傘在公園裡站了半天，為的就是「遵守承諾」。

顯然，「一定要遵守承諾」並不是一個健康的作法。健康的關係應該是這樣看待承諾的：答應的事可以盡量去做，也可以兩個人商量後決定不做，也可以單方面先不做，然後事後跟對方好好解釋為什麼沒辦法做到。

違反承諾的原因

違反承諾的原因有很多，有的是因為評估對方已經不需要了，但在大雨時堅持帶女兒去公園的媽媽顯然沒有評估過。有的則是在承諾的時候覺得很簡單，但執行起來發現真的很困難，最後畏難而放棄了。

承諾只需要一句話，但要實現的過程中卻需要大量付出，當做不到這些付出的時候，人往往寧願違背承諾。

你對自己的承諾更是如此：每年列舉的計畫清單是對自己的承諾，承諾減肥、承諾不熬夜、承諾好好工作、承諾熱愛生活，但事實上你放棄了許多這樣的承諾。承諾做不到，其實是個再正常不過的事。

然而，當你將承諾放到他人身上，卻經常有相反感覺：他說話不算話，答應了沒做到，這讓你很受傷，感覺不被愛。這讓你產生一種「他不應該這樣」的強烈感覺，為了安撫這個傷害，你會希望他能遵守承諾。

你要知道，不是所有承諾都能做到的，「下次一定改」，「保證最後一次」，「下次請你吃飯」這種承諾和「地老天荒永不分離」，「永遠對你好」一樣。你相信他有能力執行承諾，那一刻你會感覺到被愛，但某一天，地還沒老而他卻離開，你就會很受傷。如果你根本不信，覺得牛頓都不敢這麼承諾，你只是一笑了之，你就不會被這些承諾傷害了。

因此，你需要對承諾保持一種靈活的態度，既不要因為這是正常的就默認他答應了，更不要因為他應該做的就覺得他能做到，也不要因為他嘴巴上說出口了就完全當真。

你需要有一個屬於自己的靈活度，規則方面的承諾也是如此。

不要隨便默認「兩個人在一起就是應該……」，你覺得大家都這樣，而且你也是這麼做的，你就默認了對方應該這樣。可是實際上，他根本就沒有這個規則，不覺得自己有這個義務。

比如說「東西不能亂放」，你覺得兩個人在一起就要共同維護環境，當對方違反這個規則時，你會指出來並且希望對方能承諾遵守，但對方並沒有這個規則，他不覺得兩個人之間需要這種約定，他會覺得自己沒問題，你的規則才是苛刻、有問題的。相反，他覺得

「家就是隨意的地方」，他和你在一起的時候，就默認你承諾了彼此應該是互相接納的，就像他接納你不亂放東西一樣，你也會接納他亂放東西。

你有你認為的義務，他有他認為的規則。即使你覺得再正常、再應該的事，對方可能都沒有答應你要做到。即使對方答應你，你也要判斷他是否是能夠做到。

為何你這麼在意承諾？

即使我說違反承諾有其必然性，你可能還是會對對方沒有做到這些應該做的事而憤怒。那與其氣不過，不如來思考：為何你如此在意承諾？

其實，你可能對承諾很重視、很在意，但並非所有違反承諾的行為都會讓你在意。比如說，你們約好十點見面，結果十一點才見面，你也不見會有多介意。答應帶你春節期間去旅遊，結果泡湯了沒去，你可能完全理解也不會介意。那你有沒有想過，人什麼時候需要另一個人給出承諾呢？什麼時候介意對方不遵守承諾呢？

簡單來說就是：感情不夠，承諾來湊。

你介意的其實不是對方沒做到，而是你透過對方沒做到的態度裡感受到了自己不被愛。對方因為工作忙遲到了一小時，這時候如果你感受到的是對方的工作比自己重要而受傷，這個受傷就驗證了你內心覺得不被愛。反之，如果你相信他內心非常在乎你，工作只是迫不得已的意外，你就不會在意這個承諾沒有做到。

當你們之間的感情足夠深厚時，你會相信對方是在乎你的，你並不會介意對方沒有做到某些承諾。相反，當你開始懷疑、不相信對方在意你的時候，你就需要他做出並確實做到這些承諾，以此補償、安撫你內心的不安感。

那些默認的承諾也是如此。什麼時候你會介意對方沒有遵守人類的承諾？比如說你覺得「房間應該保持整潔」，什麼時候你會開始不介意對方的隨意呢？你覺得「夫妻之間應該互相尊重」，什麼時候你允許他打破這個規則？

當你覺得你們之間的感情超越房間的整潔時，你就不需要他再去承諾是否維持房間乾淨了。比如說，一位女性會很在意乾淨整潔，而家裡的男性可能不太在意甚至不洗澡。當這位女性相信自己是被愛的時候，他是可以不介意的，他不需要男性答應自己會整理房間和愛乾淨，即使男性答應了沒有做到，女性也不會放在心上。

隨著時間推移，女性在這個家裡開始感覺到自己不被在乎，他就會把不被在乎的感覺延伸到對方的行為上：對方亂扔東西，就是不尊重自己保持整潔的成果，就是對感情的不在乎。這時候，女性就開始吐槽並要求男性去整理房間了。

承諾的力量與風險

承諾是補充感情的重要方式。

在一段親密關係中，當一個人履行承諾的能力越高，就越能夠讓對方感受到被愛的體驗。反之，一個人對待承諾的態度過於隨意，則容易讓人覺得不被愛。

當你的內心深處覺得兩人之間的感情不如以往時，你會感到恐慌，為了證明自己依然是被愛的，你就開始無意識地透過要求承諾來增加感情——你會希望對方能做出一些承諾來讓你安心。

然而，這樣的做法很危險。對方的承諾很可能是在你威逼利誘之下做出來的，那不是他真心的，他只是為了平息當下的衝突或者只是為了避免你不滿意，只是為了得到你的某些好處而做的。

有一個女孩非常喜歡一個男生，可是男生只想跟他曖昧，不想跟他確定關係更不想跟他有未來，讓這個女生很崩潰。在男生表達想跟他發生親密關係時，他一方面不想駁斥喜歡的人的要求，一方面又不想違背「只跟愛自己的人睡」的價值觀，於是他就跟男生說：「你能不能說一聲你愛我，哪怕是騙我也好啊。」此刻，他在誘導男生做一些虛假承諾來暫時安撫自己。

有時候，講道理是會讓對方妥協的，尤其是你的道理非常有說服力的時候，對方會勉強自己履行關係的承諾。但如果你用了太多次這種勉強方式，那你就是在持續對對方施壓。人的理性是有限的，當一個人長期用理性壓抑自己和強迫自己時，他會煩、會累、會難受，這時候他潛意識抵禦的動力就會增加，最後滿足不了、不想再承諾去做的時候，對方就會擺爛，最後受傷的還是你。

濫用承諾的後果

那既然承諾有可能會失效，為什麼我們還是這麼喜歡用承諾逼迫對方呢？為什麼會用責任、道德、規則試圖控制一個人呢？因為讓對方做出承諾對你來說有很大的好處：可以迴避責任，不用思考，簡單省力。

他答應過週五跟你分擔家務，跟你一起監督孩子寫作業。結果你晚上到家，家裡亂七八糟，髒碗筷都快堆成山了，孩子看動畫看得非常癡迷，連書包都沒打開。你一股火往上冒：「說好了週五你照顧孩子、做家事的，你怎麼什麼都不管？你什麼意思啊？你說的話都是放屁嗎？你就是這樣沒有家庭責任感嗎？」後面的畫面可以想像，肯定不會太愉快。他可能會跟你說：「不只今天不管，以後我都不管了，誰愛管誰去管。」然後留下火冒三丈的你摔門而去。

這時候，你可能很難意識到，過去很多次他做家事、帶孩子的時候，你從來沒有認可過他，還總是挑剔他教不好，都幾點了作業還是沒寫完；拖個地跟沒拖一樣，感覺根本沒好好打掃。此刻，當對方徹底擺爛之後，你會突然意識到對方存在的價值就是，他可以幫你省很多力氣。

你需要他幫你省力，但又不想用別的方法激發他願意做事的動力，也沒有從感情層面思考他為什麼變得這麼抗拒了。這些更深層的思考讓你覺得很累，所以你需要他的承諾，這樣你就不用思考感情中出現的問題了。畢竟，把你所有糟糕的感覺都歸結為「你答應過我」、「這是你應該做的」，你會更輕鬆。

但是，即使你是對的，他可能也不想做。

健康的要求是這樣的：偶爾要求一下對方遵守承諾就好了，不要長期要求。對方可能會因為內疚而妥協一、兩次，要求太多了，人就會擺爛。承諾在感情中只是輔助，如果一個人不願意遵守承諾，沒有責任心，他最多算不道德，但不違法，因為他有選擇的自由，你無法控制他。

所謂「好鋼要用到刀刃上」，濫用「正確」不但無法達到目的，反而會讓人感受到巨大壓力，把別人嚇跑。

尊重彼此的規則

前面我們談了很多關於你渴望對方如何遵守對你的承諾。

對於你答應過對方的事，當然不是非得做到不可，但是當你覺得自己做不到或不想做的時候，你可以第一時間跟對方協商，評估這個承諾對於對方的重要性。一個良好的協議應該是可以協商、修改的。

你希望對方做什麼很正常，但不要忘記了，其實對方內心也有很多規則是希望你能承諾遵守的，這些規則你未必能理解，但你不重視對方對這些規則，就會對你們的感情造成傷害。以衛生習慣來說，對方有個「人要保持乾淨衛生」的規則，他就會希望你能承諾每天洗澡、飯前洗手，甚至會希望你能及時拖地、垃圾馬上丟掉、用酒精擦拭、衣服每天一換一洗等等。這些對你來說都是陌生的經驗，你可能會認為是浪費時間且意義不大的事，所以你不願意承諾，你們之間就容易產生矛盾。

規則是兩個人在一起非常重要的基礎，當規則不同時，就需要互相承諾。一方面你需要跟對方談論你的規則，希望他能對你的規則做出一些承諾，另一方面你也要去好奇對方的規則，他對於感情、生活、親戚、父母、育兒等有什麼樣的看法，然後對此做出妥協。

當你在他的規則裡做出承諾和支持，會讓你們之間的感情迅速升溫。好的感情就是互相談論彼此的規則，並談論彼此能做到和不能做到的是什麼。

有一個同學對老公非常不滿，原因是他會把大量精力投入在原生家庭的弟弟、姐姐、父母等身上，對當下的家庭造成影響。這個同學有個規則就是：「人要以小家庭為本，不能以犧牲小家庭的方式去照顧、支持原生家庭」，而老公的規則與他不同，老公的規則是「人不能忘本，要反哺父母」。

他們都希望對方答應自己，能夠按照自己的規則來生活，於是他們產生矛盾。但是，這是很困難的，良好的關係就是需要談論這個規則，並做出承諾和讓步。

對這個同學來說，首先要表達他對老公規則的理解和尊重，而非試圖改變，承諾願意為他的規則做一些努力。例如，在能接受的範圍內，願意給他哪些支持，甚至主動幫他扶持他的原生家庭。當你做出這些努力時，他會感受到你的理解、接納與支持，進而產生更深的親密感，而這不意味著你要委屈自己。

其次，你要表達你的規則和期待，說明你希望對方力所能及的是什麼，希望對方對你做出的承諾是什麼，即哪些是他願意做的，哪些是你渴望他為你妥協的。當彼此從對方的規則中感受到了尊重、理解與支持，並願意互相承諾時，就開始建立好的關係了。

很多關係一開始很好，在一起後出現矛盾，很大原因就是他們不知道彼此規則不同，也不願意討論彼此的規則，更不願意為對方的規則作出承諾。

思考彼此的承諾

轉化自己：

1. 對方做了什麼讓你不開心的事？
2. 你覺得他違反了你內心什麼「應該」的規則？
3. 你猜測，他為什麼會違反了你的規則？
4. 你可以怎麼向他表達，他遵守你的規則對你來說有多重要？
5. 你覺得這麼表達，他會有什麼感受和反應？
6. 你怎麼看待自己對於對方遵守規則的期待？

理解他人：

1. 他覺得，你做了什麼讓他不開心的事？
2. 他之所以不開心，是因為他希望你遵守所謂「應該」的規則是什麼？
3. 你可以怎樣向他解釋，你對他的規則的理解和尊重？
4. 嘗試表達一下，對於他的規則，你願意妥協、承諾和支援的部分是什麼？

5. 如果你這麼表達，你覺得他會有什麼感受和反應？

6. 現在你怎麼看待你們彼此的規則？

Lesson 03
在關係中，如何獲得更多的愛

01 如何被重視

什麼是被重視？

被愛是什麼感覺？被愛就是被關心、被重視、被在乎、被尊重、被接納、被理解、被體諒、被支持、被幫助、被看見、被欣賞、被認可……當一個人對你做了一些事情而讓你有了上述的這些感覺，你就會覺得自己被愛了。

現在，我們開始詳細談論關係中常見的被愛需要。

在關係中，第一個常見被愛的需要就是被重視。當你開始投入並依賴一段關係，你內心的不安就會推著你反復發出一個疑問：「我對他來說是重要的嗎？」

投入一段關係，意味著你打開了你的心門，把脆弱展示給對方，這也是一個人最容易被傷害的時候。你投入了你的心卻被輕易拋棄，這對你來說是打擊非常大的事，就像你苦心經營一家公司，最後卻被公司踢出去，那樣太痛苦了。

因此，你的潛意識想保護你時，它就會在確保安全後再投入自己，而安全的前提就是「自己是重要的」。在對方那裡，你感覺到自己越重要，你就越有安全感，也就體驗到更多被愛的感覺。

那麼，你是重要的嗎？

有些人可能會直接問對方這個問題，但得到「重要」的答案之後，相信的人卻不多。人通常會自己透過證據去觀察、驗證，會根據兩個人之間發生的事自動判斷我是不是重要的，而你大概有四個標準可以判斷你是否是重要的。

1. 主動關注

當你在家看電視，他下班回到家，他做的第一件事通常是什麼呢？開門，第二件事是脫鞋。這些你都不是很在意，但第三件事就很重要了——他是坐下來開始打遊戲呢？還是打開電腦繼續工作呢？還是向你走過來主動擁抱你呢？

回到家後，誰先擁抱誰其實是很關鍵的。被擁抱的那個人會格外感覺到自己被重視，這就是對方主動給予關注，證明了你很重要。但如果他把你當作透明人，對你視而不見，你就會覺得自己不重要了。

再比如說，他有沒有記得你的生日，並主動給你驚喜？他有沒有主動帶你去看電影，有沒有主動幫你的忙，有沒有主動關心你的父母，這些都是主動關注你的表現，都會讓你感到被重視。

有些「強迫」也是重視的表現，他會有點強勢地要求你不能吃零食，不准你熬夜，不准你喝冷飲。他會因此生氣，這時候你也會覺得暖暖的，有被重視的感覺。

2. 滿足要求

當你提出一個要求，他願意滿足你，你就會體驗到自己是重要的。

最簡單的是，你看中了一件兩萬多元的皮製大衣，你問老公可不可以買給你，老公說好，這會讓你覺得自己在他心中是重要的。但是，如果他說「每天就知道浪費錢」，你就感覺到自己不重要了。

你問他週末可不可以陪你去爬山，他說好，你就感覺到自己是重要的。如果他說「有時間不如在家好好休息」，你可能就感覺到自己的不重要了。

雖然有時候他會表現出一點不情願，甚至反感你的要求，覺得無理取鬧、很不理解，但他還是默默去做了，這時候你也會覺得自己很重要。

3. 勝於比較

在感情中，當我們感覺到不自信或不重要的時候，就會無意識地透過與各種東西比較來獲得重要感。當你跟另外一個人或事做比較，並且得到勝利的話，你就會感覺到自己是重要的了。

最經典的問題是：「我跟你媽掉進河裡，你要救誰？」這個問題就是在問，對你來說我重要還是你媽重要？如果他告訴你：「當然是我媽啊。我就只有這一個媽啊！」你可能會體驗到自己不重要，想因此而離開他。我經常見到新婚夫妻會彼此問這樣的問題：「以後有孩子，我需要你，孩子也需要你，你會先滿足誰？」他們所期待的答案會是先滿足自己，因為他們在跟孩子比較誰更重要。

再比如說，在工作上最經典的問題就是：「我重要，還是工作重要！」有的人經常覺得，伴侶的工作比自己重要多了，一遇到加班、應酬，自己就會被冷落，一點都不重要。你找他談論，他會說：「工作很忙，你不能體諒一下嗎？」這時候你就體驗到自己的不重要了，如果他把工作放到明天做，先來陪你，這會讓你覺得自己很重要。

還有跟遊戲比較的。有個女生曾經問他男朋友：「你說，在你的世界裡，遊戲排第一，工作排第二，爸媽排第三，朋友排第四。我算老幾啊？」男朋友這時也認真回答了他：「第五啊，不會算嗎？」這時候他就感覺到自己不重要了。

4. 願意妥協

當你們兩個人都有一個願望並且相衝突的時候，那麼誰妥協就是個問題了。比如說，針對一個觀點爭吵的時候，他怕你生氣，就先放棄自己的觀點了，這時候你就覺得自己還挺重要的。你希望他戒菸，可是他習慣抽菸，但是他考慮到你不喜歡，他就努力戒了。雖然一些事讓他不舒服，但是這件事會讓你舒服，於是他去做了，你就感覺到了被重視。

這四個證據可以證明你是重要的，證據越多，就顯得你越重要；程度越強，你越重要。反之，如果你想對他人表達重視，其實也是為他做這四件事：主動關注他在做什麼，滿足他的需要，讓他在比較中勝利，為他妥協並讓他知道你願意妥協。

如何得到重視？

如果在關係中，你非常確定自己的重要性，那恭喜你，你一定很幸福。如果你覺得自己不夠重要，怎麼辦呢？你需要做點什麼，讓自己獲得更多的重視。

第一個方法是「學會表達你的需要」。

能有一個懂風情、體貼的人固然是好，但這是難中之難。你不是嬰兒，別人也不是蛔蟲，你願意說，他願意回應，那就很不錯了。

有的人總覺得，主動給的才是真愛。我想說，這是嬰兒的自戀狀態，是非常理想化的。當你表達出自己的需求，他還願意給你，已經是非常重視了。你要明白的是，你沒有被重視不代表你不重要，可能是對方不知道怎麼表達他對你的重視，那這就需要你告訴他。

以下有三句話可以幫助你表達需求，這三句話僅僅是一個參考範本，靈活運用則會讓你增加得到滿足的機率：

1. 我想要的是……

其目的是說明清楚，讓對方清晰地瞭解你的需求。首先對方要知道你要的是什麼，才有滿足你的可能性。其中又有兩個需要注意的地方，分別是具體表達與即刻表達。

(1) 具體表達：如果你說：「我想要被寵愛、我想要被重視、我想要你愛我。」對方可能會聽不懂。他會覺得「我已經很重視你了啊。」甚至還會覺得委屈：「為了能讓你過更好的生活，我已經很努力賺錢了。我已經為了你很克制自己，不打擾你了啊。」

(2) 即刻表達：不要指望說一次就永遠記得，每當你需要，你就每次都說。這跟從小到大寫作業一樣，這一題你粗心錯了，下次你要提醒自己不要再錯，結果肯定又錯。一個人再怎麼重視你，是需要你耐心、慢慢教會的，這是你需要付出的代價。

2. 我為什麼想要……

這句話的目的是說明讓對方理解你需求的原因，不然你的需要就會變成一個單純的要求。例如，你只說「你進門可不可以抱抱我」，他不理解，會覺得這個要求多此一舉。你要告訴他原因：「因為我很想你，我需要抱一抱。如果你這麼做，我就會覺得自己是被你重視的，會覺得安心很多。」當對方理解後，他會更願意為你去做。

很多男性不喜歡用語言表達愛，但是女性喜歡聽，於是女性要求男性表達愛的時候會說「你能不能說一聲愛我」，這是一個要求，男性聽到後通常只會嘆氣。你要告訴他，你希望他說的原因：「如果你說一聲愛我，我會覺得好開心。女生跟男生不一樣，女生是聽覺動物，跟金魚一樣七秒就會忘了，所以需要一直說。」

我有一個來訪者，他反復地說希望老公記得他的生日，並買個禮物慶祝一下，結果老公年年忘記，讓他很生氣。我跟他說：「你要跟老公說明你為什麼要過生日，不然在老公的眼裡，他不會自動明白這對你很重要。他沒有過生日的經驗，他只是覺得在執行一個沒有意義的動作，就容易忘記。」

3. 如果你願意……，我會……

這句話的目的是告訴對方他這麼做你會如何回應他，可以增加他願意去做的動力。比如：「如果你願意每天回家抱抱我，我就會每天做好吃的飯」；「如果你願意每天說一句你愛我，我就會覺得好開心，會更加愛你。」這樣的表達能告訴他為你付出是有意義的。

很多同學會覺得很難接受，會覺得這不就是交換了嗎？是不是交換有什麼關係呢？即使是，獲益也能增加一個人付出的動力。一個人愛你，不代表他是不會枯竭的神，他需要獲得即時的回饋、好處才會有更大的動力去做。在感情裡，你始終要知道，你是一個成年人，而他也是——他不是你母親。因為愛你，可以做一次、兩次，但如果沒有足夠的動力，沒有人能為你一直做下去。

這就是透過溝通獲得重視的三句話。透過溝通得到的重視是建立在對方本來就重視你，只是不知道怎麼表達的基礎上，透過適當的表達，可以將潛在的「重視」呈現出來。

其實，每個人給你的重視度都是有限的。如果你還想得到更多重視，你就要問自己：「你有什麼值得被重視的價值呢？」擁有更多的價值，讓自己有更多被重視的資本，就是得到更多重視的第二個方法。

如果你問老闆：「你重視我嗎？」老闆就會反問你：「你為公司做了什麼讓公司重視你？你會什麼，讓公司值得重視你？」同樣的，在感情裡，你能參與到對方的世界嗎？你對對方來說，有著怎樣的價值呢？

在有的家庭裡，男性為女性提供經濟支持，參與了女性的收入，女性就會覺得男性重要了。如果男性很在乎孩子，而女性把孩子照顧得很好，男生也會因此重視女性了——你對他的作用越大，你就越被重視。

你渴望被某人重視，這說明他在你眼裡是重要的。那為什麼在你眼裡，他那麼重要呢？因為他能滿足你某些需要啊——你需要他。你可以試著觀察一下自己，到底需要他什麼，他對你來說有哪些價值讓你在意，再進一步想想，如果有一天他不能滿足你這些重要價值的時候，你還會這麼重視他嗎？

很多人會反駁：「我為什麼要找一個不重視我的人？」

可是如果你本身沒有什麼值得被重視的地方，換一百個人也是沒用的。如果你具備這些價值，那你早已經被重視了。或者你可以找在很多方面都遠遠不如你的人，他可能就會仰慕你，用更多的重視來補償你。

如果你想得到某個人的重視，他有能力但是不願意，這意味著你對他來說沒那麼值得。你可以選擇放棄，然後尋找欣賞你的人。如果你不想放棄，你就需要更積極參與他的世界，找到什麼對他來說是重要的，然後去增加自己的價值。

什麼是健康的重要感

「誰是你最重要的人」，這其實是個哲學話題。

如果讓你來回答，你會回答誰，孩子？伴侶？父母？自己？

你可能會有一個屬於自己的答案，其實這些答案都很理性，都是你此刻一個人在頭腦中思考的結果。現實中，這些都不會是你最重要的人。那麼誰才是你最重要的人呢？我們透過具體情境來思考。

當你走在回家的路上，突然看到了一個迷路的孩子，在大聲、用力、無助、絕望地哭著，這時候你會做什麼呢？你會覺得家人是最重要的，所以我應該先回家，不應該先管這個孩子，還是會覺得此刻這個孩子更重要，即使耽誤一些時間也要先幫助這個孩子回家呢？如果你選擇先幫助這個孩子，那麼此刻你的判斷是，陌生的孩子比等著你吃飯的家人更重要。但這能說明這個陌生的孩子比家人更重要嗎？

我們較少會將「人與人」直接比較，我們更多的是在拿事跟事比。如果陌生人的事、工作上的事比家裡人的事更緊急、更重要，我們自然會優先處理這些緊急且重要的事。那麼這些時候，如果家人無法理解這些事的緊急和重要性，就會體驗到自己不重要了。

幫助陌生孩子回家這種事，容易被家人理解，但其實生活中的很多事、工作中的事、個人價值觀判斷出來的事，如果你的家人不理解這些事的重要性，你們之間就會因此產生矛盾。他覺得你不重視他，而你覺得他無理取鬧，各執一詞：一個人覺得對方重要，一個人覺得自己對對方來說並不重要。

這種情況反映出是：你是重要的，但不是在所有時刻都是最重要的。

如果你總是在證明自己無時無刻都重要，那只會註定失敗，因為在很多時候，他會遇到很多比你更重要的事。你要知道，你不需要在所有時候都顯得很重要（被看重），你只需要在某些關鍵時刻重要，那就足夠重要了！

《天龍八部》中有一個片段，阿紫用游坦之練毒功，游坦之中毒後暈了過去，就被阿紫丟到河裡了。蕭峰對阿紫的行為感到生氣，因此教育了他。阿紫反駁說：「我拿他練功，他應該高興才是，那是我看得起他。死了又有什麼，一個僕人，無所謂的。」蕭峰聽了這些話更加生氣了，忍不住抬手想打人，阿紫見狀也生氣了。

阿紫：「你要打我，你竟然為了一個奴才要打我！」

蕭峰：「那是一條性命，你怎麼能這麼無動於衷！」

我猜他們的內心是這樣的：

阿紫：「你的心竟然是向著外人，你竟然幫著外人說話，你竟然為了維護一個外人要跟我生氣，動手打我。這說明你覺得外人都比我重要，我對你來說一點都不重要。我從小就無父無母，沒人疼、沒人在乎，好不容易遇見了你，以為你會在乎我的。可是，現在你也不在乎我，你更在乎別人，我還是那個孤苦無依、沒人在乎的小女孩，嗚嗚嗚嗚——」

蕭峰：「你當然重要啊，為了你，我連自己的命都能放棄，為了替你治病，我能不顧危險去抓熊。但是人有慈悲之心，即使是外人的生命，那也是命啊。你拿自己的玩樂和別人的生命比，不是同一個層級啊，不能比。我認為，生命至上，生命平等。從小我在少林寺接受的佛學認知就是如此，你怎麼可以覺得僕人的命就比你的命賤，你這個價值觀不對啊啊啊啊。」

請問，阿紫對蕭峰來說，是重要的嗎？

對阿紫來說，他是以人劃分的：如果選擇站在他人那邊，就是覺得我不重要。無關事情大小，大事、小事你都要站我這邊，這樣我才覺得我比他人重要。

對蕭峰來說，他是以事劃分的：你的某件小事和旁人的某件大事相比，旁人的某件大事更重要。我站在正確的那邊，無關你重不重要。倘若遇到相同級別的事，你優先；事情級別差距太大，事優先。

重不重要，各有各的角度，兩個人都對。

對阿紫來說，他需要知道的是：的確，沒有人能在所有事情上都覺得你是最重要的。你在有些事情上，把你的順序往後放，只是對方覺得這個事情更重要，而不是你不重要。你的某件事不重要，不代表你這個人不重要。他可以拿同樣級別的事情去核對：「如果有人要取我性命，你會怎麼做呢？」那蕭峰的反應，一定與游坦之被殺時的反應完全不同。

對蕭峰來說，他需要知道的是：阿紫在乎的根本不是性命是否珍貴的問題，道理還需要你講嗎？他要的是選邊站的態度，所以蕭峰應該需要先澄清：「我這段時間沒有陪你，讓你覺得被忽視了，對不起。我會盡量找更多時間陪你，好嗎？」在表達完重視後，再談是否應該殺人，要遠比「那是一條性命，你怎麼能這麼無動於衷！」聽起來更靠近彼此。

你是很重要的，但不是在每一時刻都是最重要的。如果一個人把你的每個層面都放到最重要的位置，那是不現實的。

人都有心情不好、狀態不好、討厭彼此的時候。每對結婚超過五十年的夫妻一生都有過至少一千次討厭對方、幻想離婚的念頭過，可是這依然不影響他們是彼此生命中最重要的人。再相愛的兩個人都有討厭彼此的時候，當他討厭你的時候，你的確是不重要的，別人都比你重要，他對別人都比對你好，但是你也要知道：雖然你不是隨時都很重要，但整體上，你依然是非常重要的！

所以，接納自己在某些時刻不那麼重要是必然的。珍惜你重要的時刻，這就是好的關係。比起糾結自己是否重要，邀請對方表達更好一些。你們可以在情感層面去討論：

「我重要嗎？」

「你重要呀。」
「我為什麼很重要呀？」
「我說給你聽呀。」

思考重視與被重視

轉化自己：

1. 對方做了什麼讓你不開心的事？
2. 這件事裡有哪些角度和證據，讓你感覺到自己不重要了？
3. 你希望對方怎麼做，可以讓你感受到更被重視？試著向對方表達。
4. 為什麼他這樣做就是重視你？試著向對方表達。
5. 如果對方做了這些重視你的行為，你願意為他做的是什麼？試著向對方表達。
6. 你覺得表達完後，對方會有什麼感受和反應？
7. 長期來看，如果想得到更多重視，你可以做什麼提升自己對他的價值？
8. 這個過程給你的感覺是什麼？

理解他人：

1. 他覺得，你做了什麼讓他不開心的事？
2. 從對方的角度來說，他有哪些角度讓他感覺你不重視他？
3. 此刻，這件事裡，你可以做什麼，讓對方也體驗到自己是被你重視的？
4. 長期來看，你可以做哪些事讓對方感覺到他對你來說是重要的？
5. 你覺得你做了這些後，對方會有什麼感受和反應？
6. 這個過程給你的感覺是什麼？

02 如何被尊重

什麼是被尊重？

關係中另外一個常見的被愛需要就是「被尊重與被接納」。

被尊重就是對方允許你按照自己的意願去做事，你想做什麼、不想做什麼是你自己可以說了算。但是，如果你有被強迫、被指手畫腳、被干涉、被控制這幾種感覺時，就是不被尊重了。同樣地，如果你干預別人的事情、生活習慣、職業發展、做事風格等，引發了別人的不舒服，那就是你不尊重別人了。

提要求、給建議不一定會構成不尊重。嘗試改變對方是人在關係裡的本能反應。當提出要求之後，對方表達了不願意配合，這時候你一再堅持或攻擊對方的拒絕，並引發了對方的不適感，那就是不尊重。

這裡有兩個要點：發起人的一再堅持或否定攻擊，以及接收人的不適感。

第一次提要求和建議，是互動中的正常磨合。人都希望對方聽從自己的建議，這無可厚非，萬一對方是願意的呢？總得嘗試表達一下吧。一再堅持的要求也不一定會讓人有不適感，很多人就是喜歡並習慣不斷來來回回，就像談判桌上的老手，買賣雙方來回講價也是如此。

在感情中，想讓對方做點家事、替自己買個包包等，對方可能也沒有不適感。因此，這時候不構成不尊重。同樣地，當對方拒絕後，你吐槽他了，可是對方並不介意，那你的否定也沒有構成不尊重。

比如說，你跟伴侶一起吃完飯，但他不喜歡洗碗，吃完飯就躺在沙發上。這是一件很平常的事，這時候你表達了希望他去洗碗，他說不想去，並且想讓你去洗，但你也不想去。這時，就是你們在正常的互動裡，向彼此提出了一個請求。

矛盾開始之處在於：如果你一再堅持讓他去洗碗，或者你對他發火，罵他為什麼不去，為什麼這麼懶，你的咄咄逼人會讓他感到煩躁。在這種情況下，你就是不尊重他的。同樣地，如果別人在你拒絕後依然堅持這麼對你，那他就是不尊重你。

拒絕的人如果對提要求的人發火或者講道理，那麼拒絕的人也同樣是不尊重提要求的人的。在互相不尊重的情境下，雙方各有各的道理，他的道理是「這是女性應該做的」，你的道理是「男女應該平等」。在各自的世界裡，道理都是對的。

我們不去討論到底誰對誰錯，實際上感情裡也沒有誰對誰錯。

那麼在互相不尊重的局面下，碗到底應該誰洗呢？

所謂的尊重，就是你不想洗碗，你表達到此；他不想洗碗，他也表達到此。你選擇不洗是你自己的事，而對方要不要去洗則是對方的事。最終碗由誰來洗，並不是由「應該」的人來決定，而是由看不下去的人主動去洗。

尊重與道理無關，更是與誰「應該」無關。或者說，當一個人表達「人就是應該」以及「你就是應該」的時候，那麼他已經不尊重對方了。

尊重就是把握界限，而界限就是「你提不提要求是你的事，我做不做則是我的事。」同樣地，我提不提要求是我的事，你是否拒絕是你的事。

當你想控制他人時，就是不尊重

你生氣的時候，通常會伴隨著要求他人的行為，而你的要求裡一旦有了敵意和堅持，就是不尊重他人的開始。這時候，最重要的是思考你的要求並實現尊重。

1. 分清楚你的事和他的事

關係中，很少有真正屬於兩個人共同的事。從話語權的角度來說，要麼是你的事，要麼是他的事。不過有人就不同意了，怎麼可能呢？養小孩、陪孩子寫作業是誰的事？孩子難道不是他的嗎？洗碗是誰的事？難道他不用吃飯嗎？這難道不是共同的事嗎？

客觀上，這些事情是兩個人共同參與的。那怎麼判斷這是誰的事呢？誰更「想要」結果就是誰的事。你可以將「共同的事」理解為股份公司，有的人占大股，有的人則占小股，那我們就說公司是占大股的人的，因為他有話語權。

比如，陪孩子寫作業這件事。都說作業是孩子自己的事，但實際上你會發現孩子是最沒話語權的。誰更在意孩子的成績，這件事就屬於誰。再比如洗碗，說好了分工合作，但他不洗了，這是誰的事？誰更希望碗變得乾淨，就是誰的事。

你如果說這是他的事，那作為他的事，他可以選擇不幹啊，你為什麼非要強迫他做呢？當你強迫他的時候，說明這件事對你來說獲益更大，這就是你的事了。

2. 不評判

尊重的第二步，就是不評判，即不去分辨誰的更高級、誰的更好。

有人的生活習慣是吃完飯一個月洗一次碗，我甚至見過一些人他們從不洗碗，他們的生活習慣是用一次性碗筷，用完就扔，而有人的生活習慣是每吃完一餐就要馬上就洗。這兩個習慣，到底哪個是好的呢？你的夢想是發大財，他的夢想是懶死在家裡。誰的夢想更高級呢？各有各的好。

尊重，就是不評判誰的價值觀更高級。你們只是不同，但你們是平等的。夢想不分高低，願望不分優劣，你要是覺得這是兩個人的價值觀不一樣，沒辦法相處，那你就換下一位吧。但是你要注意，無論換了誰，如果你始終學不會尊重，結果都是一樣的，因為沒有兩個人在所有方面都是完全一樣的。

3. 為自己的事和需求負責

你要知道，別人沒有義務一定要聽你的話。即使他是你的孩子或員工，也只是選擇性地聽你的，這不是理所當然。他跟你一樣是個獨立的人，「控制欲」其實就是不承認對方跟你一樣是個獨立且平等的人。

你想讓他洗碗，那是你的需求，因為你想碗可以馬上變得乾淨。你想讓他陪孩子寫作業，這是你的需求，因為你希望有個成績好的孩子，而他不一定有這個需求。對他來說，他只需要一個簡單快樂的孩子就夠了。

你當然可以讓他做，但你要知道這是你在期待他幫你完成你的事，那你就要放低姿態，就要說好話，就要拿出態度和誠意來，這是求別人幫忙的基本姿態。如果在這樣的姿態中你感到委屈，你就要去思考這種委屈是在說「你就是應該滿足我，應該照顧我」，這時候委屈就是一種嬰兒的全能自戀。

實際上，你需要別人幫你的忙，你委屈什麼呢？

有一位同學很委屈，曾抱怨：「我每天把地板拖得這麼乾淨，我讓老公拖一次地板，我還得誇獎他、得求他是吧？」是的，因為讓地板保持乾淨是你的願望而不是他的，你經常為自己的願望付出，他偶爾為你的願望付出。你可以選擇保留或放下這個願望，可以換個有共同願望的老公，這都沒問題。很遺憾的是，這個老公就是沒有這個需要，而是需要你的尊重。

即使你已經表現出很好的態度了，你還是要知道，你的期待對對方來說是有困難的部分。因此，你要區分，哪些是他能做到的、想做的，哪些是不能做到的、不想做的。最好的方式是，只表達那些他能做到的部分。如果可以，對他做不到的部分表達理解會讓彼此的關係更好。

4. 反思對自己的控制

對他人的控制，其實是因為你對自己的控制太多所造成的。你對自己的要求有很多，總是要求自己保持乾淨整潔，總是要求自己教出一個優秀的孩子，而你自己又做不到這些或做這些很累。你自己承受不了這些壓力，就想讓別人替你分擔，然而你又低不下頭求別人分擔，你的表達方式就變成了控制。

所以，放棄對別人控制，根本在於放棄對自己的控制。你不用做這麼多事的，你也值得輕鬆、平凡度過這一生。如果有能力進一步反思，那就反思一下原生家庭的教育，可能是你小時候被控制、被要求太多了，所以養成了要求自己的壞習慣。

如何應對有強烈控制欲的人

在關係裡，你會對他人有要求，他人也會對你有所要求，有時甚至會來侵犯你的界限。講完了如何尊重別人，我們要再講如何被尊重，如何面對控制欲強的人。

很多人都說：「你尊重別人，別人才會尊重你」，這顯然是個PUA的壞邏輯，很多弱者很尊重強者，不見得強者同樣尊重弱者。同樣的，你尊重別人，別人不一定尊重你。控制欲強的人這麼多，你得學會尊重自己、保護自己，而非要求別人給予尊重。

獲得尊重的方式其實就是兩個字：「拒絕」。別人是從你的拒絕中學會尊重你的，因此你需要反復用拒絕教會別人怎麼尊重你。

以下列舉常見的三種拒絕方式：

1. 直接說不

「因為不願意，所以我不做。」只要你堅持不去做不喜歡的事，別人就無法強迫你。比如你的伴侶指責你：「你怎麼就只知道買東西，一點都不知道節制？」這時候他就是在不尊重你了，因為他希望把自己節約的價值觀強加給你。你可以直接說：「我不想節制，我喜歡花錢。」並停止在這裡，不做解釋。這種拒絕，就是直接表達自己不想做的意願。

他的反應，一般就是會抓狂和憤怒。人在失控後，抓狂和憤怒是常見的反應。人需要經歷這個失控期，才能漸漸學會如何平靜下來，接受別人是不可控的現實。因此，你需要承受矛盾、衝突、憤怒等他的情緒失控反應，並且扛住這個情緒，堅持自己的立場。一次、兩次，三、次四次，他就學會尊重你了。

有的人會怕，這樣的衝突，不會讓關係破裂嗎？我的意見是，如果因為你不聽他的就要讓關係斷裂的話，那說明這段關係早就該斷裂了。你要一個依靠、聽話的人才能維持的關係嗎？

也有的人承受不了衝突，妥協了。這就像是弱者在被侵略的時候實行的「不抵抗政策」，你因為怕衝突而不斷妥協，對方對你的要求和控制就會增多，早晚有一天，你會受不了，還是得面對這個問題。

2. 找理由說不

這是一種透過幫助對方理解你，從而緩解衝突的拒絕方式。

當伴侶說：「你怎麼就只知道買東西，一點都不知道節制？」為了避免讓對方失望，你就開始找理由解釋為什麼要買：「因為便宜啊」，「因為家裡需要啊」，「因為這個東西很好啊」。

這種尊重只是出於對這件事的尊重，而非出於對你的尊重。這種尊重只能發生這一次，換成另外一件事又沒效用了。你可能需要一次次找理由來讓他理解你、尊重你，有的時候還會失敗，因為你不是每次都能說服成功。

3. 反提要求

這種拒絕很高級，有的人天生就會，有的人則需要後天學習才會，這方式就是「反提要求」。在別人對你提要求以後，你岔開這個話題，並開始一個新話題——一個你提要求的新話題。

還是舉前面例子，伴侶說：「你怎麼就只知道買東西，一點都不知道節制？」你可以說：「要我節制的話，可以啊。你這次買 LOUIS VUITTON 給我，我下次就開始節制。」更狠的是，你可以拿他不節約的例子來提要求：「等到你戒菸、戒酒，不浪費這些錢的時候，我就節制。你什麼時候開始節省了，我才開始節省。」

這種拒絕的方式其實就是反守為攻，讓對方陷入如何拒絕你的思考模式裡。但需要你靈活的腦袋，能跳出被要求的難受，用理性的方式去思考如何拒絕。

總之，任何一種拒絕都是有代價的，最大的代價就是衝突的可能性。人與人的尊重就像是國與國的尊重一樣，你得有實力、有底氣，不選擇衝突但也不怕衝突，這時候別人才能學會尊重你。

當然，你不喜歡衝突，因為你還在乎對方的感受，直接拒絕你也會有內疚，這時候就需要一種兼顧的方式——「半拒絕」。

你會有擔心和內疚的感受，說明你並不是完全想拒絕，你會有壓力和煩躁，則說明你不想完全答應。你處在一種「既不想順從，又不想拒絕」的狀態裡，你內心有不想做的衝動，因為這很累、很消耗、不划算；但同時你也有想做的衝動，認為這是對的、應該的或其他原因。也就是說，其實你是對自己有類似的要求，所以他人的要求才會影響到你。

那這就很簡單了，你可以去感受你的內心，你願意為對方做到什麼程度，做哪些事情，哪些是你不願意去做的，並直接告訴他，這樣既表達了一部分的愛又照顧到了你自己。

什麼是健康的尊重？

尊重就是尊重對方的意願，避免做讓對方感到被強迫的事。有的人會有疑問：「如果他想殺人，我也要尊重他的意願嗎？」

尊不尊重他是你的選擇。我們要講的只是判斷是否尊重的表現。我們不會去說尊重就一定是好的，事實上很多時候，不尊重一個人可能才是真正為他好。比如不允許他吸毒、不允許他賭博。當然，這麼說也不要覺得不尊重一個人就是好的。尊重和不尊重得視情況而定，各有各的好。

尊重別人是一種修養，而不尊重別人卻是人的一個本能。

不尊重的意思就是控制，而控制是有巨大好處的，它不僅可以極大地滿足人的全能自戀，讓人感受到自己極度被重視，更可以讓對方為你做事、為你服務，滿足你的意志，成為你意志力延伸的一個工具。侵犯與控制是人類擴張自我的一個本能衝動，符合人類為了更好地生存而產生的本能衝動。

親密的本質就是融合，因此兩個人一旦進入親密關係，就會對另外一個人充滿需求，希望對方能聽話，能乖乖做自我的延伸。這就是為什麼我們對親密的人容易發脾氣、控制欲強，對外面的人卻脾氣很好，因為我們對親密的人成為「我的工具」的需求更高。

在家裡，你跟伴侶說：「你去洗一下碗。」在公司，你跟同事說：「你去幫我印一份文件。」兩個人都有可能拒絕你，因為你的需求程度不同，你的反應也會完全不同。

其實我們在社會上，可以學習一點「不尊重」。不尊重的好處在於，它可以為自己爭取一點利益。然而在家裡，我們則要學習尊重。因為偶爾不尊重對方，你能從控制中獲得極大的滿足，但長期不尊重一個人，這個人會感到壓抑、被強迫，最終想結束這段關係。

另外一個人總是要求你，比如你不想起床，他總是要求你起床；你不想上進，他總是要求你努力；你不想洗碗，他總是要求你洗碗；你想買喜歡的東西，他總是強迫你省錢。長期以來，你會怎樣對待這個人呢？

你肯定會想離開他。所以，長期不尊重是會讓關係走向破裂的。

在感情關係中，不被尊重是不可避免的，你需要有適度的妥協。如果你一直都不願意妥協，只能讓對方一直妥協，這樣你就會把對方逼走。關係中，兩個人沒有辦法都抬著頭用下巴跟對方相處，更不可能一方一直滿足另一方的意願。

但是，也不要一直妥協。如果一直妥協，你會感到委屈，甚至會想離開。即使換了一個人，便會因為你習慣了妥協，最後也會感到委屈、選擇離開。

因此，健康的尊重是：適度的強迫與適度的妥協，這個「度」就是中庸之道，需要靈活把握，不要走上極端。那該怎麼靈活處理呢？這不是三、兩句話能教會的了，每個人、每段關係的情況不一樣。

思考尊重與被尊重

轉化自己：

1. 對方做了什麼讓你不開心的事？
2. 這件事的背後，你對對方的期待和要求是什麼？
3. 從哪些角度來説，其實他沒有去做並不是錯的？
4. 你覺得他能做到、不能做到或不想做的部分，分別是什麼？
5. 如果用請求説明的態度，你可以怎麼表達你的需要，讓他做到他能做到的部分？
6. 關於他做不到或不想做的部分，你可以怎麼表達理解和接受？
7. 你覺得這樣的表達，他會有什麼感受和反應？

8. 這個過程給你的感覺是什麼？

理解他人：

1. 他覺得，你做了什麼讓他不開心的事？
2. 你感覺這件事的背後，他對你的期待和要求是什麼？
3. 對方的期待裡，你其實不想做的部分是什麼？
4. 對方的期待裡，你覺得應該做的部分是什麼？
5. 你可以怎麼跟他表達你內在這兩部分的衝突？
6. 你覺得表達給對方聽以後，他會有什麼感受和反應？
7. 你的生活裡，你對自己有哪些類似的自我要求和控制？
8. 這個過程給你的感覺是什麼？

03 如何被理解

什麼是被理解？

被愛的第三種常見體驗是「被理解」。

被理解就是對方能夠懂得你的內心，知道你在想什麼、有什麼感受，為什麼這樣想、有這樣的感受，然後能真誠、順利地溝通。浪漫主義者的理想感情就是「你若懂我，那該多好。」而理解的反面就是誤解，就是當你跟一個人說話時，卻發現溝通不順暢，你說A，他非要說B，牛頭不對馬嘴。

有的家庭是這樣的，老公跟同事聚餐，老婆卻說：「你去跟女同事鬼混了」，這時候老公因為不被理解，就會想爆炸。老婆買了一臺五千元的洗臉機，老公說：「你怎麼就知道亂花錢。」這個亂花錢的「亂」字就會讓老婆感到被誤解，也會想爆炸，因為他覺得老公不知道這是他在多節儉的情況下，才趁打折下手買的。

理解他人的內心，可以分為三方面：

1. **理解對方真正的觀點**：在溝通中，人說話都是詞不達意的，說的是一套，其實想表達的是另外一套。理解就是你能透過對方說的反話、氣話、不精準的話，理解他背後真正的觀點。

2. **懂得對方的真實感受**：更進一步的理解是你會知道對方怎麼了、發生了什麼事，還會知道他此時此刻內心深處的感受是什麼——他是喜悅的還是悲傷的，他是焦急的還是無助的。

3. **知道對方想要的是什麼，期待的是什麼**：一個人在溝通中很難直接說出自己的願望，因此理解對方的真實需要就顯得格外重要。

在我們課程裡，曾經有一對夫妻一起來上課，在課上，他們重現了某一次的爭吵。先生跟妻子說：「你這麼強勢，我怎麼跟你溝通呀。」妻子就馬上反駁他了：「我哪裡強勢了！你才強勢呢！我有你強勢嗎？」然後先生就被嗆得不敢說話了。

那麼先生這句話的背後，真正的意思是什麼呢？

他表達了一個觀點：我認為你是強勢的。你說的聲音大了些，語氣快了一些，這種表達方式對我來說就是強勢的。

他表達了一個感受：我感覺到害怕。當別人大聲跟我說話的時候，當我意識到對方強勢的時候，我就覺得對方要傷害我了，我很害怕。那一刻，我覺得你也要傷害我。

他表達了一個願望：我想跟你好好相處，認真相愛，我想跟你坦誠溝通，所以我希望你能夠用溫柔一點的話來表達，這樣我就不會害怕，能跟你溝通了。

這就是先生一句「你這麼強勢，我怎麼跟你溝通呀」背後所隱藏的真正含義。如果一個人能聽到他這三層含義後，這個先生會是什麼感受呢？

如果你能看到他背後的委屈和害怕，看到他背後對於被愛的渴望，你就能開始理解他了。但這些話，在男性的恐懼裡他一個字也說不出來，他只能本能性地抵抗，但妻子無法理解。因為他在跟老公的對抗過程中，也發生了很多內在過程，以至於沒有空間去理解老公。

他說「我哪裡強勢了！」其實是在表達這三層含義：

一個觀點：當你說我強勢，我跟你的觀點不同。我認為你在誤解我，我並不是一個強勢的人。

一個感受：我很害怕，害怕你覺得我強勢，你就不喜歡這樣的我了。

一個願望：我渴望得到你的認可，這樣我會感覺到你是喜歡我的；我希望你是喜歡我的，而不是嫌棄我的。

當老公能夠理解他這些內心過程的時候，他又會作何反應呢？

當我們這樣解讀這件事情，在看到這些背後的想法、情緒、感受、期待以後，再來看剛才的對話，是不是就有了不一樣的感覺？很多關係中的矛盾，不是因為他們真的討厭彼此，而是他們無法看見真實的彼此，無法理解對方。

可是一般情況下，兩個人在吵架的時候都說不出真實的彼此。因為吵架的時候腦袋短路，想不到自己真正想說什麼，另外一個人也沒有辦法理解對方這句話背後的意思，他們就只能吵架了。然後彼此說著違心的話，吵著各自的架，不知道對方在說什麼，也不知道自己在說什麼。

如何讓別人理解你？

要知道，如何讓別人理解你，就要先思考別人為什麼不理解你。人們說話的時候會自動以為對方明白了，不願意多加解釋，因為我們總假設別人的經驗和我們是一樣的，也就以為他們想的和我們是一樣的。

具體來說，「不被理解」的原因通常是：你只表達了要求和否定，卻沒有進一步解釋。即使解釋了，也只用一個無法自圓其說的理由，而這個原因並不被理解，所以對方還是無法理解你。

一位女性指責自己的老公說：「你就是一個不上進的人！每天就知道玩！」這句話表面上表達的是一個觀點，是對老公的看法，然而老公很詫異：「我同意自己不上進，但是這為什麼要生氣呢？」老公對此是不理解的。

在妻子看來，人追求上進不是應該的嗎？可就是因為他覺得太理所當然了，所以他沒想過為什麼要做。

每個人對「人要不要上進」的想法是不一樣的，這位女性覺得人上進才能更有能力，更有能力才有更好的工作，才不會被淘汰，才會活下來。人生如逆水行舟，不進則退，不退則死，所以人必須上進，你不上進，你這是在送死啊！

如果他是這樣跟老公說：「你要上進，為什麼呢？因為你不上進，將來就只能等死。」解釋完了就發現……老公更不理解了。

為什麼呢？

因為他自己可能都不理解，不上進跟會死有什麼關係。雖然他前面的邏輯聽起來都沒問題：a＝b，b＝c，c＝d，所以a＝d，不上進就不會更有能力，沒有更多能力就會被別人超越、會被淘汰，就活不下去了，這沒問題啊！但是「不上進就活不下去了」，這一點很難解釋清楚。

人無法「被理解」的本質，是因為自己都不理解自己。如果你自己都不知道怎麼了，你也就無法讓別人理解你，因此，讓別人理解你最好的方式就是解釋清楚。你不知道自己是否能解釋清楚的時候，你可以在解釋之後，補充上這句：「不知道我講得有沒有很清楚？我希望你能理解，如果你不理解的話可以向我提問，我願意耐心講給你聽。」

關係中，願意接受對方提問以達成理解，是非常重要的。

當然，有一種你可能不太喜歡的結局就是：他理解了，但不同意。

理解不是認同，你有被認同的需要，關於這個，我們下一節會講到。

怎樣去理解他人？

你要知道，別人跟你一樣也不善於表達自己，也需要被理解。那麼，要怎樣去理解別人呢？

「理解」其實就是學會溝通。從一般的角度來看，溝通似乎很簡單，就是說話而已。語言的溝通是很直觀的，就是你說他聽、他說你聽的互動，簡單來說就是說出你的話，聽清他的話。但人的表達能力有限，這裡面真實的內容很少。

實際上，語言溝通只占溝通效果的百分之七。兩個人之間，資訊的傳遞有百分之九十三是靠非語言的溝通完成的。非語言溝通就是對方在說的過程中，所產生的情緒、背後的期待，還有他自己都沒有意識到、不能被說出來的部分。

要理解另外一個人的非語言訊息很簡單，就是把他非語言的部分語言化，把他沒說出來的部分說出來。

聽起來很高深的樣子，其實很簡單。具體來說，可以怎麼做呢？有幾個重點：

1. 閉嘴

首先就是閉嘴。閉嘴雖然看起來簡單，卻是一件非常難做到的事情，大多數的人都喜歡說，一有不舒服就想反駁，很少能有耐心聽別人說完，原因在於你總是想表達自己，讓對方看到你、理解你，你渴望先被理解，所以你經常說個不停，然後另一個人也跟你一樣，也想表達自己讓你看到他。

一個自己本身就在渴望被理解的人，是沒有多餘的空間閉嘴去理解別人的，然後你們爭著表達時，就容易吵起來。

如果你有理解他的願望，你就要先放下自己也想要被理解的願望，先停下來，先看看對方怎麼了，讓他先說出他的想法，就會有不一樣的結果了。

閉嘴還可以帶來安全感。當對方感覺到你的安全性，他才會願意表達出他的感受。只要他開始表達，你就有機會透過他說的內容，去理解他真正想表達什麼。

就像剛才的案例，先生剛說完「你這麼強勢我怎麼跟你溝通呀」，妻子就馬上反駁「我哪裡強勢了，哪裡態度不好了」，這時先生就不會繼續表達自己的想法，而去回應你的反駁，兩個人就很容易爭吵。

閉嘴，就是你不同意的時候，不去反駁。

2. 傾聽

閉嘴只是暫時不再向外傳遞訊息，而傾聽是一種吸收訊息的過程。「聽」對很多人來說是一件很煎熬的事，而煎熬的點在於：「你閉嘴，他卻不閉嘴，可是你依然要去聽」，因為聽是理解他人很重要的一步。你得讓訊息進入你的內心，才有理解的可能。

傾聽的一個重要的技巧是「放空」。當別人的訊息進來時，就代表著有一個很重要的問題——他說的我不同意怎麼辦；他說我很強勢，我不同意怎麼辦。這時候進來的訊息和你自己的訊息產生衝突，你就會很難受，就像是六道真氣聚集在你體內一樣難受。

如果你預設「他就是一個不顧家的人」，那麼他晚回家，你就開始覺得他不顧家；他晚起床，你就會覺得他不顧家。他做什麼，你都容易覺得他不顧家，都可能從中找到「不顧家」的證據，就沒有溝通的可能性了。

就像影印文件的時候，你想把文件裡的文字、圖像、表格列印出來時，你需要用一張乾淨空白的影印紙。如果你用了一張本身就帶有文字、圖畫的紙，列印出來的內容就不是這份文件內容了。同樣的，你在理解別人的時候，如果總是帶有自己的想法、看法和你自己的態度，那你看到的就不是對方，而是經過你加工、想像的一個人。

這時候，你需要的是放空，把先自己的觀點擱置在一旁。只有當你放空自己以後，你看到的才是客觀、真實的他。

3. 張嘴提問，尋找可能性

在開始傾聽之後，你要再學會張嘴。理解他人是一個「閉嘴－傾聽－張嘴」的過程，閉嘴是先不要著急表達自己，傾聽是允許對方的聲音進來，而張嘴則是學會提問，去好奇你有猜想和疑問的地方。

很少人能在一開始用語言表達清楚自己最真實的自我的，需要在好奇的詢問之下才能漸漸表達清楚自己的感受，因此你要透過提問去好奇對方話裡的可能性。

比如一位妻子跟他的老公抱怨：「在路上，你為什麼要去看別的女人！」老公一聽可能感覺到被否定了，覺得老婆在指責自己花心，然後他就想反駁：「你為什麼管這麼多！我根本就沒有！」當他開始閉嘴，他就能給妻子表達的空間了。

當老公準備好傾聽和好奇，他就可以張嘴去提問：

「你這麼說，是想表達什麼呢？」

「你這麼說，是你想到了什麼呢？」

「你這麼說，是你感覺到什麼了嗎？」

「你這麼說，是希望我怎麼做呢？」

或者他可以直接去猜想，妻子也許在表達一種擔心，他擔心我是那種花心的人，他希望我可以表達對他的認可，他才是最好的女性。又或者，妻子是在表達一種觀點：我覺得那個人不好看，我希望你可以認同我的觀點。

猜想完了，一定要再去核對：「你是覺得……嗎？」「你是希望……嗎？」然後妻子會給予回饋，這時候老公可以根據回饋做調整，就可以慢慢理解妻子的內心世界了。

思考理解與被理解

轉化自己：

1. 對方做了什麼讓你不開心的事？
2. 對此，你對他說了什麼、做了什麼？
3. 你這麼說、這麼做時，其實你想表達的觀點是什麼？
4. 你這麼說、這麼做時，你內心真實的感受是什麼？
5. 你這麼說、這麼做時，其實你內心的願望是什麼？
6. 這裡面有哪些需要進一步解釋的，你可以怎麼解釋？
7. 如果把這些表達給對方，你覺得對方會有什麼感受和反應？
8. 這個過程給你的感覺是什麼？

理解他人：

1. 他覺得，你做了什麼讓他不開心的事？
2. 對此，他對你說了什麼做了什麼？
3. 你覺得，他這麼表達時內心的觀點是什麼？

4. 你覺得，他這麼表達時內心的感受是什麼？
5. 你覺得，他這麼表達時內心真實的願望是什麼？
6. 如果把你理解的這三部分回饋給他聽，你會怎麼說？
7. 這裡面有哪些是你想進一步瞭解的，你可以怎麼詢問？
8. 你這麼表達後，他會有什麼感受和反應？
9. 這個過程給你的感覺是什麼？

04 如何被認可

什麼是認可？

被認可的需要，指的是希望對方覺得你很好、很欣賞你，跟他相處的時候，你會透過他的回饋和評價感受到自己一是個特別且有價值的人。

反過來說，不被認可就是被否定。他認為你很差，甚至覺得這裡、那裡都不好，似乎渾身上下沒有一個好的地方。跟他相處的時候，透過他的回饋和評價，你感覺到自己是一個特別糟糕的人。

一個人對你的認可，包括兩個方面，一方面是認可你這個人，覺得你善良、聰明、智慧、有能力、很優秀等；另一方面是認可你做的事，當你做了一件事，他會覺得你做得很好、很棒。

反過來說，一個人否定你，也包括這兩個方面，一方面否定你的人，覺得你笨、無能、自私、沒責任心；另一方面是否定你做的事，覺得這件事是你不對、不應該的、錯的。

關於認可，你需要知道兩點：

首先，認可的形式有很多，最常見的表現形式是語言。對方說了一些讚美的話讓你感覺到愉悅，你就體驗到了被認可。但不是所有的正向話語都會讓人感到愉悅，也不一定能體驗到被認可。

比如說，你稱讚一個人漂亮、能幹、聰明，他可能早已習以為常，所以他聽起來就覺得無感、無動於衷了。別人經常說我瘦，我聽了三十年了，不會再體驗到被認可的感覺，甚至別人讚嘆的眼神並無法給我愉悅感。

有的人聽到了老闆的誇獎，會感到不屑一顧，並不是他們不相信老闆的誇獎是真的，而是因為他們真正想要的認可是實際的，他們希望老闆透過調高薪水、提升職位或者其他福利等實際的方式表達認可。單純的語言認可，就是在給員工畫餅。

兩個人談戀愛的時候，一方會覺得另一方特別棒，覺得跟這樣的人談戀愛真是自己的福氣，語言裡充滿了認可。但對方可能不會感覺到被認可，對方需要的可能是你把合照公開放到社群上，大方公布與他的關係來表達認可。有的人在談論到結婚的時候，則需要透過在房屋權狀上加名字、聘金的數目、對家務的承諾等方式才能感受到被認可。

所以，被認可的形式包括：語言、擁抱、給好處、為你做事情等等。

其次，你是否感覺到被認可跟對方是否認可你並沒有絕對關聯。有時候，對方給你的認可，你體驗到的可能是被否定。

有個比我小十歲的女孩曾經開玩笑地跟我說：「你可真騷呀。」那一刻，我覺得自己的人格受到了侮辱。在我的世界裡，對「騷」這個字的印象停留在小時候看《西遊記》，豬八戒打死了狐狸精，然後孫悟空說了一句：「原來是個狐狸精啊，怪不得一股騷味。」

我表達了不喜歡後，女孩立即解釋「騷」是個優點，就是很潮流、很時尚、很特別、很與眾不同的意思。這時候我意識到了他在認可我，但是我對自己的認知是土包子一個，我認為「潮流」、「時尚」這兩個詞實在跟我沒什麼關聯，所以我感受不到太大的認可，只是我不覺得被否定而已。

很多時候，別人是想認可你，但你卻體驗到被否定。反之，有的時候別人在否定你，你反而體驗到了被認可。我爸經常否定我說「整天在外面瞎混」，「這麼大了還不結婚」，我就會體驗到一種莫名被誇的自豪感。

所謂的被認可，是指你體驗到了來自對方的認可，而不是對方給了你認可。

為什麼被否定會感到受傷？

有的人很難承受別人的否定，非常玻璃心，一旦被否定就會立刻反應，急於解釋、反駁，甚至選擇離開、放棄。為什麼他們這麼容易被否定所傷害呢？因為他們有個邏輯：「別人在否定我，就是在說我不好」。

聽起來似乎無可辯駁，別人否定你，不就是在說你不好嗎？難道別人否定你還能在說你很好？這兩個答案不能說是錯的，但是是偏頗、不全面的。別人的否定除了是真心覺得你不好之外，第一個重要的原因就是「他沒有認可的能力」。

在關係中，「你很棒」這簡單的三個字對很多人來說是一件非常難的事。你會發現，有的人否定他人信手拈來，詞彙無窮，但要表達肯定時，卻如坐針氈，特別困難。即使他們忍住不批評，看到他人的第一面也是內心充滿了否定和評判。

有一次，我和朋友分享了一張網路上看到為新生兒取名字的圖，我覺得有一個名字很吸引我：「高興」，我覺得這樣的父母得多歡樂才能替孩子取這樣的名字，而我這朋友看到的第一眼卻是：「給孩子取個多音字，這父母是怎麼想的。」高在這裡是個姓，並不是形容詞也不是動詞，那這個名，應該讀一聲還是四聲呢？這是想讓孩子尷尬，還是讓別人尷尬呢？

我愣了一下，也對，竟然不知道這個名字是好是壞，父母是聰明還是愚蠢了。我這朋友總是能第一眼發現別人可以被批評的角度，這樣的人，正是缺乏肯定他人的語言能力。

對他人表達認可是一種語言能力，就像英語、日語、韓語、法語、西班牙語一樣，有的人就是不會。你讓他說「你真好」，他會渾身發癢、難受、不自在，但是你讓他說：「你怎麼做得這麼爛」，他就瞬間自在自適了。

在社交狀態下，人可以根據理性，出於道德、禮貌、尊重、討好等原因，強迫自己對客戶、對不熟悉的人說出一些肯定的話，但是當面對家裡人的時候，再這麼理性就很難受了，這時候人就喪失了這種語言能力。

評判是母語，認可是外語。很顯然，母語來自於小時候的成長環境。這樣的人在小時候經常被批評、否定、挑刺等方式對待，他們養成的語言習慣也是如此。至於正向的部分，因為接觸得少，所以顯得陌生而生硬。

他人否定你的第二個重要原因可能是：「他想跟你連結」。

當你跟一個人在一起時，總需要透過說話來建立連結，總不能兩個人大眼瞪小眼保持沉默。那你們聊什麼呢？人跟人之間，其實有三種連結方式：

1. **正情感連結：**表達肯定他人以及表達正向情感，比如你很棒、我愛你、你真漂亮、我好羨慕你。

2. **無情感連結：**就事論事，比如說談事情，談合作、買東西，不產生任何情緒情感。

3. **負情感連結：**透過否定他人表達負面情感，比如批評、指責、抱怨、嫌棄等。

兩個人在一起，總不能老是談事情，像「吃了沒？」「事情做完了沒？」「課後輔導上得怎麼樣？」這些話題，這樣的生活太乏味沉悶了。人需要有情感，可是又不懂得如何表達正向情感，那怎麼辦呢？那就只能表達負面的了。雖然激動來很難受，總比死氣沉沉壓抑著要好受。這時候你還讓他閉嘴，他憋著會很難受，內心很寂寞：「我就是想跟你說說話啊，因為我很想你，你怎麼就不讓我說呢？」

有的人在否定你時，其實潛意識裡只是想跟你找話說！這時候，如果你受傷了並偷偷改正了，他還是會找到新的地方批評你、否定你。這個點不能否定你了，就要從別的地方否定，所以你怎麼改都是沒用的。你總不能改到所有地方都無可挑剔了吧。即使你改到無可挑剔了，那他就沒話跟你說，也不會因此稱讚你的。

類似的情況常發生在父母與孩子之間，有的父母覺得孩子寫作業時，不能轉鉛筆、不行看電視，實際上孩子改了這些行為後，父母並不會停止批評，只會找別的事繼續批評。因為批評，是這樣的父母跟孩子連結的唯一方式。

一個採用否定方式跟人連結的人，其實也是因為小時候總是被父母用這種方式連結。一旦你意識到這些，你就不必把對方的否定和你好不好綁在一起了——他只是用小時候的方式想跟你說說話而已。

一旦你意識到這兩點，你可以不必再受傷，因為這個否定並不一定是在說你不好。同樣地，如果你擅長否定，你可以觀察一下你的否定裡，是否也是更想跟對方說話而已，是否也是沒有表達認可的能力而已。

我還有第三個視角，可以重新詮釋被否定：「這是你跟他連結的很好機會」。

你在一個人表達否定的時候誇獎他，是個特別容易建立連結的時刻。我開心地跟朋友分享了「高興」這個有趣的名字，然後他來了一堆吐槽。如果我價值感低，我就會體驗到被否定：「我高高興興跟你分享個有趣的事，你怎麼就這麼負能量呢？」但我學過心理學，我知道這是他跟我連結的方式，他在表達他很棒、他很有視角、有見解、有看法。

我若有所思地說了一句：「你的視角真特別。」他聽了以後很高興，因此體驗到了被認可，而我也很高興，因為我看到了一個可愛的他。同時，他也覺得我很棒，畢竟我是為數不多能對他表達意外欣賞的人。

如何獲得他人的認可？

很多人總覺得，只要改正被否定的地方，我就會被認可；只要自己變得更好、更優秀就會被認可，就像是一個乖孩子一樣：看我做得棒不棒呀，你倒是快來誇獎我呀。然而，透過做了什麼事情來等著別人認可你，這是很難的。

我們前面提到，如果對方熟悉的語言就是「否定」，他就不會因為你做得好就誇獎你，只會因為你做得好了，而繼續挑剔你還不夠好的地方。這不意味著你要放棄被認可的需要，你可以找到除了「改正」和「變優秀」以外的其他方法。

獲得別人的認可，至少有三個方法：

1. 直接表達需求

你想要什麼就直接說，你想讓他誇獎你好看，你就問他：「你能不能說，我今天穿得很好看。」你想讓他誇獎你厲害，你就問他：「快說，我今天做了這麼多的事情，我是不是很厲害呀。」

當你被否定而感到不舒服時，你可以直接表達：「當你說我如何如何的時候，我感覺到被你否定，我渴望你的認可，你能稱讚我一下嗎？」

有些人會覺得這得假，我覺得反而讓別人主動發現、自覺表達你的棒才是一個苛刻的要求。你願意表達，人家願意配合你，本來就是一種愛。

有的人會覺得這樣表達太低姿態，想要他誇獎我，我還得去求他。那當然了，你有需求，你就是要放低姿態。直接表達需要，是比表現出來等別人自覺發現、自覺表達還更有效的方式。

還有人覺得我的表達會被拒絕，這樣很沒面子。實際上，表達需求並不是只要一次，而是需要你一遍遍反復表達。對方態度的緩和，沒有辦法一下子從否定轉變為對你的肯定，你需要一遍遍去做，讓氛圍慢慢轉變。

你直接表達被認可的需要，還有一個巨大的功效就是：此刻，你停止了指責的手。你的應對方式不再是反擊指出對方的錯，不再是對抗的態度，而是一隻尋求合作的手。

2. 發現被認可

小孩子才需要口頭表揚，成人要學會發現「認可」。別人其實一直在認可你，只是沒有說，而你也沒看到。那麼，別人認可的方式有哪些呢？

(1) 對方不罵了：對很多人來說，我不罵你就是認可你；不批評即認可；不找事即道歉。比如說，媽媽道歉的方式：「吃飯了！」

(2) 對方買禮物，做事情：他今天可能破例早起做了早餐，那他一定是對你充滿了認可，只是沒說。他突然會跟你說，我們過幾天全家出去旅遊吧，那他就是對你充滿了認可。

(3)對方態度變柔和了：對方服軟、聲音變小、用撒嬌的方式表現，或是一改往常的嚴肅、認真臉，變得不再強硬。

(4)肢體接觸：對方願意過來主動抱你、牽你的手等，這都是他表達道歉的方式也是表達你很好的方式。

(5)談論自卑：即對方開始談論他不好的地方。比如說，覺得自己特別不擅長與人交流，特別不擅長做邏輯性的工作，那麼他此刻覺得你比他好。

3. 技能展示

如果對方不懂誇獎這門外語，你得學會誇獎他，讓他掌握這種語言。那麼，你會這種語言嗎？你能發現他好的地方嗎？

你需要被認可，那有真心認可過他嗎？他被誇獎的次數變多了，就有可能學會誇獎你了。如果你也不會，那你就不要雙標，自己先去學會如何誇獎人。你感覺到被否定，有一種可能是你給人過多否定，因此改善關係的模式，可以從先給出認可開始。

有同學覺得，我經常誇獎他啊，但他還是不會啊。我知道在訓練狗的時候，你給食物順便搖鈴，搖鈴了以後要及時給食物。如果鈴鐺和食物相隔時間太久，狗是學不會在聽到鈴聲的時候出來吃東西的。因此，你可以在他表現好的時候，及時表達認可和讚美——這點也許你做到了，同時也附上你的要求：「你也誇誇我呀」，加上「求誇獎」這一步。

在對方否定你的時候，你是格外需要認可的。這時候你的表達就需要「先認可對方，然後再請求認可」。你的認可，可以從兩部分出發：

(1)認可對方的優點

你覺得對方做得好的地方是什麼，他的優點是什麼，你可以表達給他聽。這是個很有趣的現象：當對方否定你時，依照常規思考模式，這時候會陷入互相否定、互相傷害的行為。然而你反其道而行，對他表達了認可、欣賞、表揚，那這時候對方的感受是什麼呢？

在對方感受到滿足的時候，你再發出你的請求——你渴望得到怎樣的認可，雖然對方不能一下子認可你，畢竟他需要一個臺階，但隨著你的堅持，氛圍會得到極大的緩和。

(2)認可對方的觀點

這個更難一些，但是更有意義。對方對你表達否定的時候，其實也在渴望得到肯定，因此你可以嘗試一下這四個字：「你說的對」，能快速緩和關係。

不必覺得虛偽，只要你願意換位思考，你會發現對方觀點是有正確的角度的，你把它說出來，就是理解與共情。這不意味著你要自我否定，因為對方是對的，不意味著你是錯的，你可以同時表達你對的角度。

一件事情，他有對的角度，你有對的角度，而你先表達他對的角度作為示範，讓他感受到被認可，你可以再去表達你對的角度，並且表達被認可的需要。

如何認可他人？

認可別人，其實就是說些什麼、做些什麼讓對方感受到他自己是好的。你可以針對當下這件事表達認可，也可以表達平時對方的一些優點，更可以在平時就多多表達，多種下認可的種子。以下是幾個實際可行的方法：

1. 真心

誇獎一個人不是恭維，不是睜眼說假話，不是跟一個體重九十六公斤的人說：「哪裡胖呀，你一點都不胖，你真的很瘦，我覺得你很棒了。」這叫虛偽。不是你每天都洗一次澡，然後誇獎一個十天洗一次澡的人「真愛乾淨」，這是虛偽，不是誇獎。

違心的認可會讓你非常委屈，會感覺自己是為了認可別人而認可，會把認可識別為一種付出，從而讓自己很難受。認可是需要真心的，真心的意思就是你真的覺得他很棒，是真的發現他的優點，是一種發自內心由衷地表達，這時候你的認可就是自然流露的了。

有的人覺得對方全是缺點，沒什麼值得好誇獎的。有這種想法的人，要麼是賭氣說的話，要麼就是自己瞎了。世界上從來不缺少美，缺少的只是發現美的眼睛，發現不了很可能是眼睛出問題了，而不是別人出問題了。

還有人覺得「做這一點事還需要被誇？」是優點太少，而缺點太多。從結果上來看，也許對方做的是不多，但從動機上來看，他是否很努力了呢？從改變程度上來看，他是否跟以前有不一樣了呢？這些都是你可以去真心發現的地方。

2. 細節

認可一個人是需要細節的，如果你單純說：「你真漂亮」、「你真好看」、「你真聰明」，是會讓人覺得很客氣、很敷衍的，你需要從細節去欣賞一個人。

當你想誇一個人好看的時候，你要加上細節的描述，他是臉變好看了，還是鼻子好看？是穿衣服好看了，還是頭髮好看了？如果是臉好看了，臉怎麼好看了？是臉的膚色好看了？還是臉的形狀好看了？

細節也可以用修飾來表達，你可以誇一個人的臉像水蜜桃，而這些修飾也要加上細節：為什麼像呢？哪裡像呢？是像水蜜桃一樣，粉嫩粉嫩，還是像水蜜桃一樣有尖尖的下巴？或者是像水蜜桃一樣，上面全是細細的毛？——最後這個，也許對方聽出來的不是認可。

在這裡，細節也是一種證據，證據越是充足，人的體驗就會越真實。

3. 自我欣賞

有時候，發現別人的好之所以很困難，還有一個很重要的潛在原因是「自我否定過多」。如果一個人對自己充滿了否定，他內在就會有很多挫敗感、自卑感，這時候他如果去表揚一個人，就會讓表揚的人變得得意或自大。

自己還有很多挫敗和自卑呢，卻讓別人得意、自大，那太難受了。為了防止這種不平衡感，他可能選擇不誇人，甚至反過來批評對方。所以，一個人如果不先自我認可，要讓他認可別人是非常困難的。

一個人充滿了自我否定，他越認可別人，自己就越難受。

一個同學曾經跟我吐槽他的老公：「認可？我每天這麼累，他拖個地我就得誇他？拖地只拖了一個臥室，臥室還沒有拖乾淨，我還要很浮誇的去說『你真棒，居然拖地了』？」對這位同學來說，這種認可無疑是困難的。自己在委屈和辛苦裡，根本沒有多餘的能量去認可老公這一丁點糟糕的小事。對他來說，更重要的不是先去認可老公，而是自我認可。

自我認可不是說去認可自己對家做了多少貢獻，那會有更多委屈；發現自己做得多，越會發現伴侶做得少，這時候的自我認可就會變成指責的資本。

自我認可是認可自己很棒，也就是他需要思考：「即使我不做家事，我也是好的嗎？即使我沒做這些事，我也是有價值的嗎？也是個值得被愛的人嗎？也不會被否定和嫌棄嗎？我還是個好妻子嗎？」

當這個答案變得肯定，家事就會變成可做、可不做了。當他能夠安心閒下來，依然覺得自己很棒，他就不會對亂糟糟的家裡看不下去了，就可以像老公一樣，即使躺在那裡也覺得自己很棒了。

自我欣賞，就是我本來就很棒，不需要做了什麼、成為什麼才是好的。如此，你才能發現，其實別人不需要特別去做什麼才配被你覺得好。

思考認可與被認可

轉化自己：

1. 對方做了什麼讓你不開心的事？
2. 觀察一下，在這件事裡，你對對方有哪些負面的評價？
3. 你覺得，這些評價傳遞出去後，對方會有什麼感受和反應？
4. 你覺得這件事當中，他其實也有做得好的地方是什麼？
5. 你覺得，在平時他做得比較好的地方有哪些？
6. 把好的部分回饋給對方，你覺得他會有什麼感受和反應？
7. 使用否定和欣賞，哪一種你更習慣或舒適，為什麼？
8. 這個過程給你的感覺是什麼？

理解他人：

1. 他覺得，你做了什麼讓他不開心的事？
2. 你感覺在這件事裡，對方對你有哪些負面評價？
3. 你會怎麼向對方表達，他這個觀點也有對的角度？

4. 你希望對方給你怎樣的認可，你可以怎麼跟他表達？
5. 你覺得這樣表達之後，對方會有什麼感受和反應？
6. 觀察一下，在這件事裡，你對自己有哪些負面評價？
7. 你感受到的被否定和你的自我否定，兩者相加有了什麼效果？
8. 這個過程給你的感受是什麼？

Lesson 04
為何不被愛會這麼難受

01 被愛的功能

健康與不健康的愛

上一課我們講了如何被愛，但其實在關係中，對方不能滿足你某些需求，不能給你這些愛是再正常不過的事，即使對方有這個責任和義務，他不滿足你也是很正常的。

然而，這不影響你在需求得不到滿足時的難受感覺，這時候你會有很多理由來支持自己的難受情緒，比如說：「兩個人在一起，就是要相親相愛、互相幫助、彼此滿足啊，那要不然還談戀愛、結婚幹嘛？」

這種說法，似乎談戀愛、結婚就是為了讓別人照顧你似的。更何況，當一個人說「互相幫助」和「彼此滿足」的時候，多半是你要對方滿足你，但你不好意思直說，所以要加上「互相」和「彼此」來掩飾內在的自私感。

親密關係裡，有需要是很正常的，健康的需求就是在對方能力範圍內的需要，然後得到滿足。而不健康的需要則是超出了對方的能力，在得不到滿足時，你會非常執著。我們不去討論對方為什麼不滿足你（假定這是因為他有病好了），可是他不滿足你，你為什麼會執著到如此痛苦？這就是我們要討論的了。

如果你覺得不被愛非常痛苦，那是因為你陷入了不健康的愛裡。

不健康的愛是一種「必須得有，沒有就感覺活不下去」的狀態，就像是嬰兒離不開母親，魚離不開水，人離不開空氣，花離不開陽光一樣，這是一種母嬰依戀。

在親密關係中，你把對方的愛當成了乳頭，要拚命吸出一些你賴以生存的乳汁，吸不出來的時候，你的感覺就像是要死了一樣。你會難受到抓狂，你安撫自己的唯一途徑就是堅持要另外一個人做出改變。你不會別的，就像不會游泳的人溺水之後，只會撲水掙扎。

健康的愛是一種「有了更好，沒有也行」的狀態，就像空氣清淨機一樣，有了它呼吸更美好，但買不起也能正常生活。即使某一天停電，沒辦法淨化空氣了，你只是生活的舒適感降低了，不會到要死要活的地步。成人對於愛的需要，在得不到的時候，依然能有很多辦法可以安撫自己的難受情緒，這時候伴侶的改變就不是唯一的安撫途徑了。

健康的愛，是錦上添花；不健康的愛，是雪中送炭。所以健康與不健康的差別就是，當某些愛缺席的時候，你的難受程度是否可以承受。

為什麼得到健康的愛如此重要？

走出不健康的愛的第一步就是去思考：得不到怎麼了？為什麼被愛如此重要？

你想要被理解、被回應、被重視、被尊重、被認可……你非常渴望這些，可是這些東西為什麼會那麼重要呢？沒有的時候，怎麼會那麼難受呢？

如果你要回應，「Siri」、「Google 助理」或各種智能家居裝置最能給你及時的回應；如果你需要關注，家裡裝個監視器可以二十四小時給你「關注」，在馬路上裸奔也能獲得大量關注；如果你想要陪伴，在床頭貼一張喜歡的明星海報就能每天穩定且不離不棄地陪伴你，這些東西帶給你的，難道不比某個人帶給你的更多嗎？

顯然，人想要的不是這些。有人說，他們要的是人的感情，而不是物品的。那麼只要是人就可以嗎？花錢請個人天天在你身邊，要關注、給關注，要陪伴、給陪伴，要回應、給回應，這些情感需求那個人都能給你。那這樣可以嗎？即使不是雇來的人，你也可以找到一群為你做這些事的人。

有些人還是不願意，他們想要的是某個特定的人的感情，其他人不行，東西更不行。為什麼非要執著某個人帶給自己的這些愛呢？為什麼可替代性就這麼弱呢？這個人給的這些愛，到底哪裡好呢？一定是因為這個人的感情有什麼特別之處，才讓你覺得非他不可。對這些問題的思考，可以幫你解決感情之苦。

即使你非常需要某人的某種感情，但你又會發現，其實你也不是所有時候都需要它。人只是在某些時候需要感情，而在不需要的時候來則是讓人煩。當你在忙自己的事情時，某人非要關注你、陪伴你，你會覺得被打擾；當你想去跟別人約會的時候，當你此刻不喜歡他的時候，他還要對你做這些事，你更會覺得煩。

人需要的感情其實是恰好分量、恰好時機的。多了、少了、早了、晚了，都很讓人煩。理性上這不可能發生，但感受上，人還是有這樣的需要。

人真正需要的根本不是某個人本身，而是某個人帶來的某種感情。這種感情只有在需要的時候，拿給我；不需要的時候，拿遠一點。這種需求就像對工具的期待：用的時候拿出來，不用的時候收起來。要是這個工具有了自我意志，不再聽使喚，那就太可怕了。

那人什麼時候需要感情呢？是內心脆弱的時候。

內心虛弱的時候，最渴望情感

某一刻，你內心有些無法消化的脆弱，你就需要透過獲得感情來抵禦這些感覺。你可能感到孤單，覺得跟這個世界失去了連結；你可能覺得絕望，覺得所有的困難你都無法克服；你可能覺得挫敗，覺得自己是個特別沒價值的人；你可能對未來感覺到焦慮、恐懼、迷茫、無法應對，可能對過去充滿後悔、自責、遺憾、驚恐，你都無法消化——這都是你內心的脆弱。

你不是得不到感情才難受，而是有了難受才渴望感情。

當你脆弱的時候，你就需要一個強大的人來給你安慰。這時候的伴侶就不再是伴侶，他在你眼裡是一個強大的客體——能安撫你脆弱和焦慮的客體。此刻，你覺得他是最能照顧你的，你就會執著地希望這個人來滿足你。然而，你狀態好的時候你就不需要感情，甚至不會去依賴一個你認為比自己更弱小的人的感情。當你向一個人索取情感的時候，你一定預先想像了他的強大。

有些人覺得，產生矛盾的事情並不大啊，自己也沒這麼脆弱，但自己不被愛時的反應卻特別大。這是因為，一件微不足道的事情觸發了你內在本來就有的、很深的脆弱。比如說，你的伴侶可能只是某次沒有陪你吃飯，只是沒有回你訊息，只是想自己靜靜，但在你的感受裡，這些事情彷彿變成是失去了這個人，彷彿餘生都要自己一個人過了一樣，這讓你充滿恐懼，你的幻想裡失去他了，自己很難生存。如此，你就有了「他不理我，我就像是要死了一樣痛苦」。

因為你有脆弱，你就容易敏感，就像是漂浮在水裡的人怕失去游泳圈一樣，你的反應容易過激。你渴望感情，是你需要被拯救。那問題就來了：對方不是所有時候都像你想像的一樣強大。

他此刻可能也正經歷著無法表達的彷徨、焦慮、無助，他就無暇顧及到你。而在你看來，卻只有一種可能：「他這個強大的人，此刻拋棄我了」，這就加劇了你的無助感。

每個人在不同階段的脆弱程度都不一樣，這樣你就能理解「感情是會變的」。有的人一直給你關注和陪伴，但是當你的脆弱產生變化之後，你可能對這個人給的關注和陪伴不再感到滿足，甚至看不上了。

聆聽被愛的真正需求

人真正需要的其實不是「被愛」，而是被愛帶來的某種好處。

被愛具有功能性，可以解決一些人內在的自己解決不了的問題。比如說，被愛可以幫我解決窮、難、不安全感、脆弱、累、孤單、低價值、不自由等問題。

被愛讓人幸福，因為被愛的時候，人得到了某種照顧。當你被愛的時候，你不用想這麼多，只要好好享受就好了。但當你不被愛而痛苦的時候，你就可以去思考，為什麼痛苦了，即：你想要哪種愛，這種愛在幫你解決什麼問題。

你可能想要被理解、被重視、被認可、被尊重，你渴望這些愛的本質其實是從這些愛裡得到什麼。你想依賴對方解決你自己解決不了的問題，一旦依賴失敗，你就會抓狂。

事實上，依賴不是問題，我們每一個人從嬰兒時期就是這樣過來的，需要「使用」他人才能存活下來。對孩子來說，如果他的父母或者重要撫養人能充當「好工具」的角色，孩子就會透過「使用」父母來建立和發展自我功能，擁有照顧自己脆弱的能力。如果父母願意成為這樣的工具，那麼孩子的自我功能就會健康發展。好的父母，其實就是輔助孩子的好工具。

然而，很多父母因為自身的人格問題，不願意被孩子「使用」，他們自己還需要孩子幫忙完成很多功能，渴望透過孩子來照顧自己的脆弱。那這時候，孩子就沒有空間照顧自己，更沒有空間學習如何照顧自己，他以後就會渴望透過「使用」別人來達到照顧自己的目的。

如果一個成年人還是把他人當成自己的一部分來使用，無法把他人當成是一個獨立的個體，就會迫使他人必須照顧自己、必須滿足自己的需求，那這就會造成人際關係困擾，並且帶來相應的情緒困擾。

依賴本身不是問題，真正的問題是你的解決方式只剩下「依賴」這一條路，而這就是健康的愛和不健康的愛的區別：健康的愛裡，我們有很多種滿足內在需求的管道，所以對被愛就沒那麼執著；不健康的愛裡，只有一種來自對方的滿足管道，所以對被愛就很執著了。那麼打破這個執著的方式，首先就是思考你的需要到底是什麼，然後找到別的途徑滿足自己。

這並不是說依賴一無是處。依賴他人時，你會感到被安撫的希望，暫時忘記了自己的無助。雖然得不到滿足可能讓人難受，但起碼迴避掉了自己的無助感，這是人的暫時自救策略，但終不是長久之計。你需要停止向外抓取的那份狂躁的心，靜下心來聆聽自己的內在，然後你就能聽到那個聲音，知道自己怎麼了。

當然，也不需要過於極端。有人會問：「人可以不需要感情嗎？」

答案是「不行」，因為人不可能完全避免無助。人有生老病死，有挫折坎坷，一帆風順只能是個祝福而非事實，無助是種必然。所以，人必然需要被說明、被照顧。即使可以自己做的，也不一定非要自己動手，有時候的確是別人來照顧你比自己照顧自己更容易，這時候還是需要感情的。

我並不反對自我功能「外包」，因為外包給別人，能讓自己更輕鬆啊。只是你需要在外包失敗的時候，再想別的辦法照顧自己而已。重要的不是需不需要感情的問題，而是你有多少管道可以讓自己得到更好的照顧，而不是一味採用攻擊、講道理等方式；你可以怎樣找到能幫你解決無助的人，而不是執著於特定的某個人。

接下來，我會具體討論被愛有哪些好處。在以下的四節課中，我會以「被重視」為例逐步說明，也可以依照同樣的邏輯去探索你需要的其他的愛。

思考被愛所帶來的影響

1. 對方做了什麼讓你不開心的事？
2. 你渴望對方的哪種愛，是被關注、被理解還是其他？
3. 這個人給的這種愛哪裡好，和別人給的有什麼不同？
4. 這種愛對你來說有什麼用，有了和沒有的區別是什麼？
5. 如果沒有了這種愛，對你來說會有哪些痛苦和脆弱？
6. 這部分痛苦和脆弱，你自己是怎麼難以承受的？
7. 你覺得為什麼對方有這個能力照顧你呢？
8. 實際上你覺得對方為什麼沒有能力照顧你的脆弱？
9. 這個過程給你的感覺是什麼？

02 被愛可以解決苦、累、難

愛可以分擔生活難題

人是脆弱的，而生活是困難的。

有時候，你表現得很棒，像個超級英雄一樣能搞定很多難題。但有時候，面對這個紛雜的世界，總有很多你解決不了的難題、面對不了的現狀。比如說，咄咄逼人的老闆、無限索求的孩子、看不清的未來、會得病的身體，總會有幾個瞬間，這些問題會把你擊倒，讓你感覺到生活是苦的，也讓你感到無助，讓你在無數次嘆氣的瞬間發出感慨：「真的太難了，左右兩難，難上加難。」

當一個人無法搞定生活中難題的時候，他的內在就會幻想——要是有人幫我就好了，所以在單身的時候，人會幻想有個強大的、可以照顧我的人。搞不定生活的人會幻想有個勤儉持家、溫柔賢慧的伴侶來幫自己搞定生活；搞不定工作的人，會幻想有個智慧能幹、上進、有遠見的人生導師型伴侶來幫自己搞定工作。

有的女生堅持不找比自己小的男朋友，小一天都不行，因為在他們的想像裡，比自己大的男生更成熟、更有智慧、更能幫助自己解決人生的難題。有的男生相親的時候，會特別在意對方是否有房、有車，因為在他們的想像裡，這可以幫他們解決生活壓力大和困難的問題。

被愛的作用之一，就是可以幫你搞定自己解決不了的困難，讓你感覺生活沒那麼難。

愛可以減輕壓力

有一個同學說：「老公在外地工作，我一個人帶孩子，還要處理日常瑣事，經常覺得很累。有時候傳訊息給老公訴說自己的辛苦，但是經常得不到任何回覆，我覺得自己在他心裡不重要。」

這個同學感覺到自己不重要，他首先想要的愛就是被重視。不被重視的感覺會讓他心力交瘁，可是他為何如此渴望被重視呢？被重視對他來說有什麼好處呢？

帶著這個好奇，我去問他。他說：「老公重視我，我就沒那麼累了。」然而這個部分我是疑惑的。帶孩子和日常瑣事讓他很累，但遠在異地的老公就算重視他，又是怎麼讓他變得不累的呢？

我們往往會優先處理自己內心覺得重要的事情。當老公不重視他的時候，他所發出的聲音（需求）就會被排到「次要」位置，而當老公給予重視的時候，他的聲音就會被「排到前面」。換句話說，被老公重視意味著老公能暫時放下其他的事情，優先關注並處理他的需要。也就是說，如果他被老公重視了，他那偶爾的訴苦就能得到回應，繼而被關心。

其實，很多時候我們渴望被重視，是渴望對方能關心一下自己怎麼了。

可是關心有什麼用呢？

老公真的關心你了，你就不難受了嗎？如果老公天天說：「你辛苦了，孩子怎麼樣？吃飽了沒？身體還好吧？」你得到了這些關心，第一次會開心，時間久了你還會覺得開心嗎？會滿意嗎？

事實上，很多遠距離戀愛無法繼續維持，不是因為他們彼此不關心，而是他們兩地分居後，知道了這種虛無的關心沒有實際的意義。你生病了，還是得自己去醫院；家裡的水龍頭壞了，還是得自己去找人修；你遇到事情了，還是得自己解決；送孩子去學校和補習班，還是得你自己來。

在這種情況下，關心有什麼意義嗎？所以我猜測，這個同學想要的不僅僅是關心，而是關心背後能帶來的其他支持。我很好奇，於是我調侃地問：「老公的關心是怎麼讓你感到不累的呢？是因為他匯錢給你嗎？」

這個同學說：「他的確是會定期匯錢給我，不過我更希望他可以聽我訴說，聽聽我生活中的難處，可以理解我，這樣我心情會好些。」由此可見，這個同學想要的關心是被傾聽和被理解。

可是，傾聽和理解就夠了嗎？傾聽和理解有什麼用呢？

我繼續問：「老公只是說『嗯嗯、哦哦，好的，你好辛苦，太辛苦了，我聽到了。我非常理解，痛在你身上，也痛在我心裡。我太能理解了。』然後就沒別的了，這樣可以嗎？老公是理解你的，但是理解後沒有其他行動。這樣的理解，你就不會累了嗎？老公的理解是怎麼讓你不累的呢？」

這個同學接著說：「如果他理解我，就可以給我一些建議，告訴我該怎麼做。我真的太累了，需要他的支持。」

所以，這個同學想要傾聽和理解是為了得到支持。在他的想像裡，老公可能知道一些更簡單的育兒和處理日常瑣事的方法，所以如果老公能分享這些方法，他照著去做，自己的壓力就會減輕很多了。

當無法改變對方時，該怎麼辦？

談到這裡，他理性上知道，老公給不出什麼有用的建議，但這不影響他在幻想層面的渴望。人在處理不了自己的壓力、無助的時候，需要幻想一個可以提供某些支援的強大客體來緩解，希望有些依賴和寄託，只不過有的人信仰神，而這個同學那一刻信仰了老公。

他渴望解決累，自己又解決不了，所以渴望被支持。被支持的前提是被理解，被理解的前提是被傾聽，被傾聽的前提是被回應，被回應的前提是被關心，被關心的前提是被重視。這一練串的需求在他潛意識中迅速浮現，卻難以被明確意識到。

對他來說，渴望被重視、被回應、被關心、被理解、被支持等愛，其實都是渴望老公幫助自己解決現實生活中的瑣事與壓力。他最渴望的是老公能在身邊，幫他分擔家庭瑣事、接送孩子、輔導孩子、處理家務等現實中的事情，但這些需求在現實層面無法實現，他只能退而求其次，希望老公提一些可以讓他緩解情緒的建議。

被愛的作用之一，就是替我出出主意，或者幫我做做事，替我解決一些我解決不了的現實問題。

如果能改變老公的態度，得到一些愛，自然是最好的。那假如，他就是無法得到老公的重視、關心、回應、傾聽、理解、支持，那怎麼辦呢？難道只能停在原地自怨自艾嗎？

就是沒有得到重視，那能怎麼辦呢？這個困局又該如何破解呢？

改變不了老公的態度，這時候我們就要從根源上來解決問題，而這個根源就是累的問題。只要解決了累的問題，讓他的生活變得輕鬆起來，他就會快樂起來。

我們想像一下，假如這位同學的生活每天都很輕鬆，他還會那麼需要老公的回應嗎？還那麼需要被理解、關心和重視嗎？

只有過得很苦的人，才渴望被關心、被重視。過得輕鬆自在的人，才沒空理睬你呢，根本沒有時間管你理解、不理解，重視、不重視的。過得輕鬆的人都是這樣想的：「不回應我正好，省得打擾我享受生活。」

解決自己的苦、累、難

那要怎麼解決自己的苦、累、難呢？

首先，我們要問自己：「是什麼讓你覺得難，覺得累了？」你可能會說：「孩子、家務、工作，有一大堆事呢，一件都不能少，全都得靠我一個人扛，怎麼可能不難、不累呢？」但其實，不一定是事情多才讓你累。

一個人會累有很多的原因，最常見的原因是對自己的要求太高。你沒有那麼多精力做那麼多事，但是非得要求自己做那麼多，能不累嗎？做得多也就罷了，還非要求自己做到某個標準，當然會更累。所以，讓自己不累的第一個方法就是「減少事情、降低標準，學會妥協著過日子」。在這裡，妥協不是貶義詞，是承認自己能力和精力有限的意思。

至於苦更是如此，生活真的很苦嗎？壓力真的很大嗎？願望大於能力的時候，才會體驗到苦。只要你向現實妥協，能接受能力範圍以內的生活，你會發現生活是酸酸甜甜的「草莓味」。

那為什麼要做那麼多事情呢？為什麼要定這麼大的目標呢？因為這是你從小到大就習慣的感覺。如果你覺得生活苦、累、難，可能你父母的感覺就是苦、累、難，他們對生活有過高的期待，對自己有過高的要求，他們無法實現就開始跟你抱怨，向你傳授經驗，他們在你小時候就開始給你灌輸生活的本質就是苦、累、難，於是長大後，你也習慣給自己製造這種感覺。

一方面，你要自我恐嚇，告訴自己必須要做到某些事情才是可以的，必須要達到某個成績才是可以的，然後你就開始替自己安排事情，比如說以成長為理由考個證照，以孩子的將來為理由替他報名很多補習班等。

有人更誇張，不光為自己的事操心，還為別人的事所累。面對別人的需求，明明自己不願意去做，卻還是硬著頭皮幫別人做，為了討好對方，硬是把自己榨乾。

所以某種程度上來說，苦、累、難都是自找的，既要做很多事情又要高要求，還要討好，幫別人做事，你再不苦、不累、不難，天理難容。

如果這些你都放不下，我們還有第二個解決累的方法，就是「學會求助」。人必然有很多解決不了的問題，透過得到感情的方式可以實現依賴，其實更直接的方式就是「直接求助」。

我們前面提到的這個同學，連向老公求助都如此含蓄，可想而知他在生活中是多麼不懂得「求助」了。的確，他說自己給別人的印象就是一個能幹、獨立、賢慧的女強人——女強人，一聽就很累。

有的人很難用語言直接表達求助，因為這意味著得承認自己能力不足，而這對有些人來說還挺困難的。求助可能會觸碰到早年的創傷：求助是軟弱的、可恥的，麻煩別人是不對的……一大堆禁忌會被啟動。對他們來說，求助一直以來都是一件不被允許、不可能且會被打擊的行為。

再回到前面的案例中，你會發現同學的累跟老公分擔與否沒多大關係，即使老公回來了，只要他的這個模式還在，老公也會迅速被他榨乾，結果不是如他所想的變輕鬆了，而是他變累了，然後兩個人一起累。

現在我們總結一下，不被重視不是問題，苦、累、難才是問題。渴望被重視，只是一個實現不苦的途徑，所以解決了苦，你就不再需要那麼的重視。重要的是，你可以重視自己的苦嗎？可以關心一下自己的累嗎？可以先愛你自己嗎？

思考如何解決苦、累、難

1. 對方做了什麼讓你感覺不被在乎的事？
2. 在你的聯想裡，對方的不在乎，會給你帶來哪些現實層面的苦、累、難？
3. 若要你自己解決這些苦、累、難，有哪些困難？
4. 這些苦、累、難其實是你設置了什麼樣的目標所對比出來的？
5. 你的父母經歷過怎樣類似的苦、累、難感覺？
6. 他們做過什麼，向你傳遞這種感覺？
7. 現在你可以做什麼，來一步步照顧自己的這些苦、累、難？
8. 你可以想到誰也是可以求助的，怎麼求助？
9. 當這些苦、累、難被解決後，你怎麼看待對方做的這件事？
10. 這個過程給你的感覺是什麼？

03 被愛可以解決孤單

為什麼人需要與人連結？

並不是所有人都會為生活發愁，更不會所有人都有解決不完的困難。只要你夠勤奮、獨立、能幹，困難總能被解決，生活總會好起來的。然而，當你手上沒什麼迫切的事情要做，當你閒下來、當你對當下物質條件感到滿足的時候，就會有另一種不太愉悅的感受出現——孤單。

孤單就是沒有特別想做的事，沒有太大的物欲，沒有想去的地方，此刻你的心就變得空蕩蕩了起來。這時候，總有人建議找事情做，嘗試新的興趣、愛好，找到自己喜歡的事，甚至投入熱愛的事業。實際上，當人陷入孤單的時候，是無法對外在事情感興趣的，因為那一刻，你已經沒有能量了。

這時候，你真正需要的是「與人連結」。就像人的皮膚會飢渴，需要擁抱、撫摸來解決，人的心也會飢渴，需要與人說話、互動來解決，甚至有時候只要看到一個活人在旁邊喘氣也能帶來安慰。

與人連結，就是替內心充電，而沒電的感覺就是孤單。

人從出生開始就需要「與人連結」，對嬰兒來說，除了滿足基本的生理需求，還需要跟他說話。雖然嬰兒不會說話，但嬰兒需要有人跟他說話，讓他感受到周圍是有人陪伴的，這種感受能讓他內心踏實。如果能得到充足的回應，他就會將這種「有人陪伴」的感覺內化，心裡裝著「人」，長大過程中較能適應孤單感。如果沒有得到足夠的回應，這種孤單感就會蔓延，一旦現實中感覺不到人的時候，就會陷入孤單的恐慌。

所以，很多人會有一個願望：「我希望旁邊有個人，他忙他的，我忙我的。只要有個人在就好了。」而被關注、被重視、被在乎、被回應、被認可等需要，本質上就是對這種陪伴的渴望。

渴望被重視，其實想要的是陪伴

有同學說：「我老公工作很忙，他會花大量時間在工作上。不工作的時候，他有事沒事也會跑回父母家幫忙。他是家裡的老大，但不是唯一的孩子，但公婆家的大事、小事好像都由他來操心。我們常常為了這件事吵架，我希望在老公心裡，我能夠比工作重要，比公婆重要。」

表面上，他渴望的愛是「被重視」。那被重視對他來說代表著什麼呢？為什麼他會渴望被重視呢？他渴望的重視應該是什麼樣子呢？他又是在哪些時候最需要這份重視？我跟他探討了被重視帶給他的好處。

他說：「我希望他花一點時間陪伴我。當我需要陪伴的時候，他能放下工作、放下他爸媽家裡的事來陪我。」被重視帶給他的是「陪伴」。然而，陪伴的形式不同，每個人對陪伴的期待和動機是不一樣的。那這份陪伴又能帶給他什麼呢？為何陪伴如此重要？他又想要什麼樣的陪伴呢？

他說：「他只要在我旁邊就行，他做他自己的事，我做我自己的事，這樣我就覺得沒那麼孤單了。」這個陪伴看起來並沒有解決什麼現實問題，也不需要關心他的情緒和困難，也不需要其他實際的說明，他要的只是有個人在場。「有人在場」其實也是一種很重要的體驗，這會讓人感覺自己的世界裡不是一個人，能有效減輕孤單感。對這個同學來說，他被重視的邏輯就是：「老公重視我，就會陪伴我；老公陪伴我，我就不孤單了。」

所以，他渴望被重視，其實是為了有人陪伴，而陪伴是為了解決孤單。孤單的感覺太不好受，那怎麼辦？只能抓住一個人，強行與對方建立連結。那要怎麼抓到這一個人呢？就是找一個人來重視自己，這樣才有機會讓對方留下來陪伴自己。

對老公來說，他內在的世界並不孤單，所以他很難理解他對陪伴的需要，也很難為他做出改變。透過被老公重視、被老公陪伴來解決自己的孤單，註定是一條艱難的路。幸運的是，我們還有很多其他辦法可以解決孤單。當孤單的問題解決了，老公是否重視你就不再那麼重要了。

為什麼有些人不孤單？

那怎麼解決孤單的問題呢？首先需要理解孤單的本質。

說起孤單，我們常想到的是一個人的狀態，可是一個人就一定會感到孤單嗎？不一定，比如一個沒日沒夜照顧三個孩子的媽媽，某天爸爸把小孩們帶出去玩，家裡只有媽媽一個人，這時候媽媽會感到孤單嗎？

不會，媽媽高興還來不及呢，終於可以有自己的時間了，睡懶覺、追劇、逛網拍，時間寶貴得都不知道先做什麼才好——旁邊沒有人的時候，好爽。

那麼，身邊有人就不孤單了嗎？也不一定。有些人明明自己的愛人、孩子或者朋友就在身邊，但內心卻依然感到孤單，甚至身邊的人越熱鬧，內心那種「只有我一個人」的感覺反而更加強烈，這樣的情況也很常見。所以，孤單無關於身邊有沒有人，也無關於身邊的人多還是少，孤單是一種「只有自己一個人」的感覺，而非現實狀態。

孤單，其實是一種「斷連」的狀態。孤單是一種被世界拋棄的感覺，是你跟這個世界沒有任何關係的感覺，是你獨自存活在這個世界上，無法與任何人、任何事產生連接的感覺，在這樣的時刻，我們的體驗裡，只剩下自己。

回到例子，老公不孤單，是因為他有很多連結。他會忙工作，是因為工作中會與很多人打交道，不工作的時候又往父母家跑，跟家人產生連結。他雖然沒有陪著自己的妻子，但他的妻子一直在積極主動跟他說話，雖然很多時候是抱怨，他仍然感受到某種程度的連結。老公是很忙的，因為在他的世界裡總是有很多人，但妻子不一樣，他可能只有老公，當老公不跟他連結的時候，他就會感到孤單。

即使一個人當下不與他人互動、連結，但只要他內心有著一個人，或者裝著很多人，他也會感覺到自己跟這個世界有所連結，內心仍是充實、飽滿的。比如說，一個每天照顧孩子的母親，如果有一天孩子和爸爸出去玩幾天，雖然母親獨處，但他的世界裡依然裝著自己的孩子和老公，依然保持著很深的連結。有些人則喜歡獨處的寧靜，也是因為他的內心早已裝滿了人，不得不自己待著來隔離一下。

因此，要解決自己的孤單，就是要與人連結。

如何透過連結來緩解孤單？

人當然要做自己喜歡的事。當你投入喜歡的事情裡，你會渴望分享，主動與人分享，當有人願意傾聽，你更有動力堅持下去。梵谷是個孤僻的畫家，雖然沒有客人懂他的畫，但是他有高更、弟弟、女孩等人分享他的畫。

人在做不喜歡的事的時候，其實也可以連結，抱怨、吐槽看起來負能量，但這種分享也是一種抒發，心裡是會有充電的愉悅感的。當沒人可以抱怨的時候，不喜歡的事才是真的苦——孤獨的苦。

即使不是透過事情分享來與人連結，你也可以嘗試直接與人連結，這些都是可以真正緩解孤獨的方式。與人連結分為「廣度連結」和「深度連結」，而「廣度連結」就是跟更多的人連結。

有些人總感覺自己沒有朋友，所以感到孤獨。他們的社交範圍局限於自己的家庭，只和伴侶、孩子、父母來往，這時候一旦家人拒絕與自己連結，孤單感就會被放大。實際上，人除了家庭關係，還要發展大量的社交關係。

有很多理論宣導減少無用社交，但這種一刀切的說法並不適用於所有人。如果你是個工作、生活很忙的人，有大量熱愛事物要投入的人，那你是要減少無用社交以保存精力；而對於一個容易感覺到孤獨、無法與事情連結的人來說，他需要增加大量的無用社交，從群體互動中獲得心理滋養。

你可以參加不同的活動、請朋友介紹朋友、主動學習如何認識陌生人以發展新關係。這些關係也許很淺，但好處在於不必互相負責，而有一定的自由，不同的人帶來不同的新鮮感也會讓你感覺到這個世界的有趣。

不是所有人都喜歡廣度連結，有人更適合「深度連結」。深度連結就是與固定的一、兩個人去分享自己的內心世界，你分享得越深入，對方接住的時候，你跟對方的連結就越深。你可以分享你對某個領域的見解，這需要對方同樣對此感興趣才能接住你的分享。你也可以分享你內心的無助、悲傷、孤獨、壓力等糟糕的感覺，這需要對方對你的內在世界感興趣，才能接住你的分享。

那麼，對方會對你感興趣嗎？也許你不是很確定。很多人之所以孤單，就是因為他不相信有人對自己內在的脆弱感興趣，他有一個很深的「沒有人真的喜歡我」的念頭，不相信有人可以接住他的分享。事實是，如若對方不是很喜歡你，為何要跟你在一起呢？

帶著這份信任去分享你的內在，你就不那麼害怕孤單了。

孤單其實並不可怕

即使孤單不可避免，即使你害怕孤單，但孤單有什麼可怕的呢？

孤單之所以讓人覺得特別可怕，是因為那一刻，你跟世界形成了對立關係。這種無助感是什麼樣的？全世界的歡喜憂愁與你無關，街邊的萬家燈火與你無關，馬路上車水馬龍與你無關，黑夜會籠罩你，恐懼會隨時襲來。你不知道接下來會發生什麼，你不知道會有怎樣的危險，你不知道自己生病時，會有誰來照顧。

任你是一個再有能力的人又能如何，你能對抗這個世界所有的危險和困難嗎？你能保證自己一直有能力嗎？你能說自己永遠不會倒下嗎？太可怕了，這種恐懼無法面對，必須要抓住一個人來減輕害怕的感覺。你害怕自己倒下，可是你又知道自己沒那麼堅強，所以你會渴望與人結盟，兩個人相對就沒那麼害怕了。

孤單的本質是「退行」，讓人回到嬰兒時期的狀態。

這是一種被母親拋棄和遺忘的感覺。嬰兒沒有能力獨自面對這個世界，他必須依賴母親的關懷和照顧才能活下來。可是，如果母親並不是一個穩定的存在，他有更重要的事要做，他有更重要的人去照顧，他會沉浸在自己的世界裡，他有自己的情緒需要發洩，他有自己的傷痛和悲哀需要消化，他就沒有辦法關心你、幫助你、陪伴你，那在你的內心世界裡，就是只能你一個人面對了。

每個內心害怕孤單的人，都會變成一個看起來特別強大的人，因為他只能靠自己，可是靠自己又太累了，又不敢依靠別人，那該怎麼辦呢？他們會選擇「只依賴一個人」，找一個看起來安全且強大的人依賴，就可以把危險降到最低了。

只依賴一個人，就會出現「黏著」的狀態，對面這個人就會有窒息感，對方就想推開這個抓住他的人，於是你再次承受被拋棄的恐懼——一旦對方不重視你、不回應你，就會瞬間喚醒你早年的這個創傷，會陷入沒有關係的恐慌裡，彷彿自己還是那個嬰兒，不知道如何和這個世界相處，害怕極了。

所以，孤單難以承受的本質就是「恐懼」，是害怕自己面對不了這個世界。想像中，將來一個人生活會有多苦、累、難，其實又回到了我們討論過的第一個「被愛的功能」。

學會有勇氣面對世界

從更深層次破除孤單的方式就是破除對「一個人」的恐懼，而要做到這一點，你必須意識到——你已經長大了。

你要知道，你長大了，你所處的環境和嬰兒時期不一樣了。嬰兒時期的你必須抓住一個人，讓他重視你，為你做很多事情你才能活下來，但是現在不一樣了。雖然你仍會覺得自己沒有力量獨自面對這個世界，沒有能力跟自己相處，還是經常感覺到害怕和無助，但現在你是一個有求助能力的人，你可以向很多人求助。你不必再死死抓住一個人，透過跟他連結來建立安全感。當你開始看看這個真實世界，你會發現：只要你主動，就有人回應你，只要你求助，就會有人幫助你。

一個成年人之所以會害怕孤單，是因為他不懂得主動發出聲音，不懂得向這個世界求助。嚇到他的是自己內在的無助感，把他局限住的是「沒有人真的喜歡我」的念頭。

你需要學會告訴別人你的困難，問別人是否有什麼辦法可以讓你更好一點。也許你會說：「我嘗試過向別人求助，可是被拒絕了，或者別人也幫不上什麼忙。」要知道，現實就是這樣，不是所有人都會回應你，不是所有人都能幫助你。但你要相信，這不代表沒有人會幫助你，當你持續發出需求時，總有人會回應你、願意幫助你。一點點累積，慢慢地這些回應與幫助會內化成你自己的力量。

帶著這份力量，你會更有勇氣面對這個世界，更有勇氣面對生活，你就不再害怕、孤單了。當你習慣對整個世界發出自己的聲音時，你會發現，你對伴侶有沒有回應你，也沒那麼在意了。

思考如何解決孤單

1. 對方做了什麼讓你感覺到不被在乎的事？
2. 此刻他沒有陪伴你，對你來說意味著什麼？
3. 如果真的沒有人能一直陪伴你，你會有哪些擔心和恐懼？
4. 假如這些擔心和恐懼真的發生了，你有什麼辦法可以照顧自己？
5. 這件不開心的事，你可以向誰去吐槽、怎麼吐槽？
6. 在你的工作或生活裡，你有哪些事情、在用什麼方式與其他人連結？
7. 你的人生中，對什麼事情是感興趣的？
8. 有誰對你的興趣是感興趣的，或者你可以怎麼找到相同興趣的人？
9. 想到這些與人的連結以及分享這些不開心和開心，此刻你怎麼看待對方不陪伴的行為？
10. 這個過程給你的感覺是什麼？

04 被愛讓人有價值感

我是值得被愛的嗎？

當一個人安靜下來的時候，他的靈魂也會對他發出一個疑問：「我是好的嗎？我是有價值的嗎？我對這個世界來說是值得的嗎？我有資格活著嗎？我的存在是有意義的嗎？」如果我是好的，那為什麼大家不來關心我、關注我？為什麼沒有人來找我、愛我？為什麼不在乎我、回應我？

當這些疑問沒有得到答案時，人就會陷入某種「追求優秀」的焦慮來防禦這種不安感：想有更多的金錢、更高級的名牌包、更豪華的車、更優秀的伴侶、更大的權力、更高的職位、更多的榮譽、更強的能力、更淵博的知識、更驚人的才華……透過不斷向上攀爬來向這個世界證明——其實我是好的。

然而，即使有了這些，依然無法驗證「自己是好的」，還需要一個關係裡的過程——更被愛。他們會覺得，只要我變優秀，就會得到更多愛；我越是優秀，愛我的人就越多，或者我的伴侶就越愛我。透過得到很多的愛，他們才可以確認自己是一個好的存在。

現實卻是，即使你得到很多優秀的東西，你仍不會被所有人愛，甚至愛你的人有時候依然不在乎你。這時候你有兩種出路，第一條路是陷入迷茫與無意義感，好像什麼都有了但並不開心，不知道活著是為了什麼；或者你會陷入自我懷疑，覺得一定是自己還不夠好，然後進入自我鞭策、自我否定和新一輪的努力中。

有很多人諮詢時說，在親密關係中，伴侶總是看不到自己的存在，這讓他很挫敗，覺得自己沒有魅力、沒有價值，所以對方才不理自己。伴侶的不愛，讓他們體驗到了糟糕的自己。

他人的重視＝你很好嗎？

有同學說：「每次我問老公事情或請他幫個忙，喊了幾聲他都沒反應，像是沒聽見一樣，直到我生氣大聲喊他的名字，他才問我要做什麼。但通常這時候，我已經非常、非常生氣了。我覺得我像是空氣一樣被忽視，而且我確定前面幾聲他絕對有聽見，他就是不想理我。」

其實，他請老公幫忙的事並不算什麼大事，但他就是對老公這樣的回應感到很不爽，這讓他覺得自己被忽視了，他想要的愛是被重視。那為什麼他會渴望老公的重視呢？老公的重視對他來說代表了什麼？

他說：「他不重視我的時候，會讓我覺得自己很糟糕、很差勁。」也就是說，他把自己好不好和對方是否重視他掛鉤，好像自己是個什麼樣的人，是對方的態度說了算的。其實，很多人會把自己的價值感建立在別人的重視上，他們會覺得「他重視我，代表我就是好的，他不重視我，是因為我不夠好。」

這個邏輯聽起來沒問題，因為如果你足夠好，你可以得到更多人的喜歡。從小我們就會發現，只要你成績好、才藝好、長得好就會更受歡迎，也會被更多人主動示好，被更多人重視，以至於我們形成了一個信念：優秀就會被喜歡。

沿著這個信念發展下去就是：「只要你足夠優秀、足夠好，你可以得到世界上任何一個人的重視。」你造車能力足夠強，馬斯克就會重視你；你炒股能力足夠強，巴菲特就會重視你；你優秀到了天花板，很多老闆、異性都會重視你。只要你優秀到能給對方足夠的吸引力，對方也會更重視你，但沒有好到這種程度，是件值得難過的事嗎？這個反過來成立嗎？如果你沒有得到馬斯克的青睞，是你不夠好嗎？你某些方面不夠突出，是你不夠好嗎？

有很多同學有表白被拒絕的經驗，這讓他們覺得：「一定是因為我不夠好，所以他才不喜歡我。」但從旁觀者視角來看待，卻會有不一樣的答案：「別人拒絕了你的告白，能說明你不夠好嗎？」我向迪麗熱巴表白，我連被拒絕的機會都沒有呢，這能代表我不夠好嗎？這只能說明，我某些地方不如迪麗熱巴的男朋友好，但這並不意味著我不好。同樣，另外一人不重視你，真的能代表你不夠好嗎？

健康的心態應該是：「你重視我，我是好的；你不重視我，我依然是好的。」我沒有好到讓你隨時把大量精力放在我身上，沒有實現你眼裡足夠的好，但這不代表我不好。畢竟你不是世界的標準，你眼裡的好不好，不能決定我好不好。

不被回應，不代表你不夠好

之所以會產生前述的錯誤邏輯，源自於人們潛意識的一個信念：「需要」是羞恥的。我需要你，你卻沒那麼需要我，就會有一種「我比你弱、比你低、比你差」的感覺，進而啟動內在的低自尊。

其實這也很有趣，需要一個人，為什麼就等於自己不好呢？

人的本質是脆弱的。在一個人還很小的時候，他是極度需要母親的，需要依靠母親的種種才能生存下來，但母親不是這樣，母親的生活非常豐富，他對嬰兒的依賴程度遠低於嬰兒對他的需求，他們之間的互相需要並不平等，這時候母親就對嬰兒的需要產生了話語權。

當嬰兒需要母親的時候，一個自我飽滿的母親會積極回應嬰兒，讓嬰兒感覺到自己很棒，他對母親來說很重要。但如果母親本身的生活是疲憊的，母親就很容易對嬰兒的需要感到厭煩，他會覺得：「你怎麼這麼多事，你怎麼這麼煩人，你怎麼就不能安靜一點，怎麼就不能乖一點。」

在這個過程中，嬰兒的潛意識就漸漸學會了：「我需要你，大於你需要我，就代表了我是個不好的人。」而在長大過程中，他會努力證明自己足夠好，試圖避免被忽視與拋棄的感覺。但無論你有多努力，在任何關係中，你必然會面對大量「不被回應」或「被忽視」的時刻，這時候他們又會陷入自我懷疑：「我沒有得到良好回應，所以我是不好的。」

為了防禦這種不好的感覺，有的人會反過來認為對方是個不好的人，覺得對方冷漠、自私、沒責任心、無情、懶惰、幼稚，以此抵消內在的低自尊。如果你真的覺得對方配不上你，那你轉身找個更好的人就可以了。當你因為一個人很差勁而感到生氣的時候，其實內心深處你是在為離不開他而生自己的氣。所以，當你對另一個人有負面評價的時候，你可以同時感受一下，你對自己有哪些負面的評價。

「被愛」可以修復一個人內在關於「我是不好的」的創傷，需要對方其實是希望再次得到一個人良好的愛，來修復早年父母對自己不夠愛的創傷。然而，對方並不知道這個過程，而渴望被愛的人也不會意識到自己的需求，那麼對方就很難小心給出那種能呵護自尊心的愛。

鬆綁你的自我價值

到這裡，我們可以看到，真正要解決的問題是低價值感的問題，被重視只是解決低價值感的一種策略，當低價值感的問題被解決了，你對於被重視的需求也會大幅降低，而方法就是鬆綁：你需要重新找到一個建立自我價值的方式，而不是再把自己的價值寄託在「另外一個人是否愛你」之上。

首先，你要知道，你的低價值感是本身就存在的問題，是你本來就覺得自己不夠好，只是另一個人的忽視和不在乎讓你覺得自己更不好了，對方的不重視只是觸發了你的內在自卑而已，你又無法承認或面對這種不夠好的感覺，因此當別人釋放類似的信號時，你會特別反感，也更容易因為這些行為而惱火。

我們來想一想，如果你的生活各方面都順遂、都做得很好，別人都很喜歡你，你覺得自己很棒、很有價值感，這時候你的伴侶不重視你，你可能還是會不高興，但你還會覺得是自己不好、自己沒價值嗎？你還會體驗到這麼大的痛苦嗎？

不會，因為你有別的辦法證明自己的價值感。首先，你不會覺得此刻被忽視就是不被愛；其次，即使伴侶不夠重視你，頂多代表在他眼裡你的價值不高。你會相信自己即使不被他喜歡，還是有很多人喜歡你，那你就不會在乎伴侶的這點不重視了。

這時候，已經不是伴侶不重視你的問題，而是在此之前，你已經把自己全面否定了一遍，你不相信自己也值得被更多人喜歡。

鬆綁的第一個方法就是去發現周圍的誰喜歡你，以及那些人覺得你哪裡好、哪裡值得。你一定要去聽別人對你的正面評價，確認你值得被愛的地方，這能幫助你建立更多自信，讓你能夠坦然面對「不被某個人愛」的時刻。

當你不再全面否定自己，你就可以針對自己不夠好的方面逐一擊破。你覺得自己哪裡不足，你就運用理論方法去改變，而不是強行安慰自己「我不差」，這也是第二個方法。

很多人覺得自己不夠好的時候，會採取兩種應對方式：一種是不讓別人談論自己不好，這樣就不用面對自己不夠好的事情，可以假裝自己沒有不好了，只要別人在乎我，就可以幫我迴避問題。

另一種是努力改變自己不夠好的地方，這種人會特別努力甚至自責，瘋狂改變自己，然後越改變、越挫敗，這其實是一種無效且盲目的改變，而這兩種方式都不怎麼樣。

真正有效的改變方式是過學習相關的知識，向專業人士請教，接受科學甚至系統性的訓練，透過持續的反思與評估，來進行真正有幫助的成長。

比如你覺得自己情緒化、不懂得關心別人，你不想盲目自責，你就去虛心、認真、虔誠地向同事、上司、同行、老師請教，閱讀相關書籍，查閱資料，請周圍的人給予回饋，透過種種方式提升自己的這些能力。當你的能力提升後，你能得到的認可也會也來越多，進而加強你的自我價值感，就會覺得自己其實還不錯。這時候你就不會覺得，對方不重視你是自己的問題，你反而覺得是他不好。

第三個方法是退而求其次。即使你不想透過種種方法讓自己在現實中變好，你也可以發現自己是好的，而不是非要把自己現在的狀態定義為「不好」。

每個人都有自己的現實水準，與某些人相比較好，與某些人相比較差，但我們所有人處在人群中，都是中間水準。這個世界上永遠有人比你更好，也永遠有人比你更差，而且都是無限多的，那你憑什麼說現在的自己是「不好」的呢？

以前在課程裡，有同學說：「我老公賺很多錢，家裡沒有經濟壓力，我也不需要工作賺錢，孩子大了，上學的事情也不太需要我管，家裡的家務有阿姨來做，我經常覺得自己沒有價值，我想知道如何提升自己的價值感。」

對這個同學來說，老公不需要你賺錢，孩子不需要你管，家務也不需要你做，你就沒價值了嗎？如果你對老公沒價值，老公為什麼不離開你呢？如果你對孩子沒價值，孩子為什麼不離開你呢？只是你忽視了自身的價值卻沒有意識到而已。比如說你對老公的陪伴價值，你對阿姨的管理價值，你對孩子的關心價值，這些都是你的價值——價值有時候需要去「發現」，而不是非要去「證明」。

低價值感其實是一種被催眠的結果。小時候，假如媽媽總是暗示：「因為你不夠好，所以我不想理你。」那麼長大後，你就會害怕自己不夠好，甚至當你遇到某些問題時，很容易就聯想到是「自己不夠好」。

媽媽可能在很多方面都對你要求過高，所以你也學會了對自己不滿意。長大後你要知道，那是媽媽的標準太高了，不是你真的不夠好。你要學會區分，現實中你不需要變得那麼好，只要足夠好就可以了。

最後你會發現，真正讓你焦慮的是你太怕自己沒價值了。但是「沒價值」，不是一件非得要解決的事。誰說人活著就一定要有價值呢？難道就不能像一個廢物一樣單純地活著嗎？

講一個小明的故事。

某天上課時，老師點名讓小明回答問題，小明小聲地說：「我不會。」

老師生氣地說：「小明，你就不能有點男子漢氣概嗎？」

小明一拍桌子大聲回應：「老子不會！」

當時我看到這個故事的時候，我很欣賞小明。坦然承認自己就是不行，有時候也是一種灑脫。能夠坦然接受自己不足的人比努力讓自己「看起來更好」的人，有時候反而更讓人喜歡，因為這種人懂得接納自己，活得比較輕鬆、比較坦然。

當你能夠如此確認自己的價值或坦白自己沒價值的時候，你還會這麼在意另外一個人是否重視你嗎？

思考如何解決低價值感

1. 對方做了什麼，讓你感覺不被在乎的事？
2. 對方這麼做，你覺得這代表了他是個什麼樣的人？
3. 對於需要這樣的人的回應和在乎，你怎麼評價這樣的自己？
4. 對方這麼對你，你自己覺得的原因是什麼？
5. 這個原因，代表了你是個什麼樣的人？
6. 你是這樣的人，對你來說有什麼不好嗎？
7. 你做什麼，可以讓自己這部分變得更好一些？
8. 從哪些角度來說，其實有這個特點的你也是很好的？
9. 周圍還有誰是喜歡你的，喜歡你的哪些優點？
10. 當你想到自己有這些好或可能變好時，你怎麼看待對方做的這件事？
11. 這個過程給你的感覺是什麼？

05 被愛讓人敢做自己

選擇做自己，是你自己的決定

我們經常聽到「做自己」這個詞，這個詞聽起來像是自私、任性、不負責任、不考慮後果，但其實做自己的意思是：根據你內心最真實的感覺去做你想做的事。

當你感受到某件事是喜歡的、正向的、渴望的就去做；當你感覺某件事是不喜歡的、負面的、厭惡的，就選擇不做。當你跟你的感覺在一起，你就完成了與自己內在的連結，這時候，我們可以說你是內外一致的，這就是「做自己」。

聽起來很簡單，但還是讓人覺得有些「任性」。人怎麼可以跟著自己的感覺為所欲為呢？

當你這麼想的時候，你的感受其實帶著一部分恐懼，那麼不為所欲為就是做自己。人的感覺並不單一，一件事情給你的感覺可能既好又壞，既正向又負面。比如說甜甜的巧克力好好吃，這種誘惑是一種正向的感覺，但同時你也知道，吃巧克力容易長胖，會對你那魔鬼般的身材帶來影響，當你去吃的時候體驗到了恐懼，這又是負面的感覺。那這個時候，到底吃是做自己，還是不吃是做自己呢？看到喜歡的的貂皮大衣，買了心疼浪費錢，不買看著又眼饞，買不買都是負面的感覺，那怎麼樣是做自己呢？

無論選A或者選B，都是做自己。因為兩種感覺都在你的內心衝突、發酵，都想做你意志力的主人，無論哪個贏了都是你。想像一下，你有兩個兒子要爭王位，只能有一個繼承，無論最後哪個繼承了都是你家的。當你在糾結，你只不過是想選個更好而已，最終你都是聽了內心自己的聲音。反之，不能做自己的意思是你要聽從外在的聲音去生活。

你想吃巧克力，媽媽說不行，於是你只能作罷不吃了；你想買貂皮大衣，伴侶說浪費錢不能買，於是你忍住了；你想下班後早點回家，老闆說必須加班，於是你乖乖留在公司裡。你想聽從自己的聲音做點想做的事情，但外面有個來自於他人的聲音阻止你，於是你就順從了對方，按照對方的意志做事，那你的行為就是「做別人」的工具。

外在總有些你不想但又無法拒絕的聲音，這時候你就開始幻想被愛：「是不是只要他愛我了，他就不會強迫我，那我就自由了。是不是他愛我了，他就會支持我，我就可以做自己了。」

為何無法避免關係中的不自由？

你渴望自由，但在關係中，不自由是必然的。要化解這種不自由，首先你要知道別人為什麼會對你構成強迫。

對方是一個人，不是一頭驢，他沒辦法只聽話順從你、按照你的期待行動。你對自己有期待，想做你喜歡的事，他對你也有期待，也希望你做他喜歡的事，這時候你們對你的期待就產生了衝突：你希望自己能「自己說了算」，而對方則希望「他說了算」。

有人疑惑：「難道自己不是自己說了算的嗎？」顯然不是。

父母想干涉孩子的學業、婚姻、睡覺、穿衣服等大小事，才不想讓孩子自己說了算；伴侶會干涉對方的社交、飲酒、消費、衛生習慣等各個方面，才不想讓伴侶說了算；你怎麼設計一個好看又有用的方案，多數時候都是不專業的甲方在反復干涉你。

只要有關係，就會有期待；只要有期待，就會有干涉。

這時候，你會落入兩種常見的應對模式——妥協或吵架，要麼你忍了聽他的，要麼你對他的干涉表示抗議；妥協的時候因為你帶著委屈，所以你不是做自己。其實吵架也不是做自己，因為吵架的時候你內在聲音就是：「你必須要同意我！你應該聽我的！」

你內在有個聲音是：「只有你同意了，我才能做自己。如果你不同意，我就得先說服你，先讓你認同我，然後我才能做自己。」所以，吵架就像是哭鬧的兒童在哀求父母同意一樣，還是在渴望得到允許。

真正的做自己既不是妥協也不是吵架，而是「因為我想做，所以我去做」。你可以干涉，我可以不做；我有界限，你有表達的自由，我不會干涉你的自由，也不會被你的干涉左右。即使你不同意，我依然可以選擇去做，因此此刻，我們是彼此獨立的兩個人，你可以把我當驢來使喚，但我知道我不是你的驢。

如果你威脅我，當我不順從你，你就要離開我。那我也可以考慮選擇：你更重要還是我想做的事更重要。我選擇更想做的事而放棄你，那我就是做自己；我選擇更想要的你而放棄事情，那我也還是在做自己。

關係中最糾結的狀態就是，我既沒有妥協的能力，又沒有堅持的底氣。這時候人就會渴望透過得到他人的愛來換取允許和支持，以此實現內心的自由。

通往自由的三條路

從他人那裡，你有三條通往自由的路：

1. 被尊重

即使他不理解，即使他不認同，但因為在乎你，所以他願意尊重你、接納你，他依然可以同意並支持你想做的事。比如，有的小孩喜歡花很多錢買一些性價比極低的卡片，多數父母都不能理解和認同，但出於對孩子的在乎，有的父母就會尊重孩子允許他用自己的零用錢購買，甚至會主動掏錢支持買單。

2. 被理解

當他理解你，即使這讓他有點為難，但因為在乎你，他依然有可能接納並支持你想做自己的事。比如說，你晚上不想回家煮飯，想去做美容，你的伴侶雖然很渴望你早點回家煮飯、陪孩子，但是他理解你的愛美之心和育兒辛勞，所以他就會對你的這些願望表達同意，甚至支持你去做。

3. 被看見

有些事你想做或你不想做，但出於不好意思而遲遲沒有行動。如果另一個人看見了你的小心思，他就會發出聲音來鼓勵你，讓你大膽去做你自己。比如說，你們在親戚家場面尷尬又無聊，但出於禮貌不好意思走，你的伴侶發現了，於是主動找個藉口帶你離開。

當你做自己有些困難的時候，被愛就可以給你自由和力量。你想要被重視、被在乎、被關心等，都可以讓自己更自由地做自己。

有同學在情感課裡提出了一個看起來跟情感無關的話題：「我會不停地吃，暴飲暴食，叫外送我就點垃圾食物，並且點超過我的食量。吃完後，我又開始後悔，覺得自己不該這樣吃，想著『完了、完了，又要胖了，不開心』，但是下一次點餐又是披薩、炸雞之類的垃圾食物。」

我很好奇地問他：「想吃就吃吧，吃多了會胖也是一種幸福啊，像我想胖一點卻怎麼也胖不起來。」

他說：「可是我想成為身材苗條的女孩啊。」

我繼續問他：「成為身材苗條的女孩有什麼好處？」聽到這裡，可能有人覺得這是句廢話，這還需要問嗎？也許每一個人都想成為身材苗條的人，但每個人想成為這樣的人的理由是不一樣的。經過深入討論後，我發現他的潛意識其實在想：「如果我變瘦，老公就會更在乎我；如果他更在乎我，他就會更接納我；如果他更接納我，我就可以做自己喜歡的事了。」

他想隨心所欲地吃東西，想素顏出門，想躺著不起床，想去夜店，想去學心理學，想要辭職換工作，想要做很多、很多事——但他擔心老公不會支持他，他覺得如果得到老公的接納，他就會更坦然去做。

然後我問：「老公是怎麼禁止你做這些事情的呢？」

有趣的是，同學說老公沒有禁止，是他自己在擔心這樣做，老公會不開心。如果他變瘦了，他就會更有信心得到老公的支持，這也是關係中不自由的另外一面：其實對方沒有真的限制你，但是你會擔心這麼做對方不開心，所以不去做。

在想像中，別人的不接納，也足以讓人不自由了。

「不自由」其實是選擇的結果

人的內心有很多自己想做或不想做的事，但基於自己那一刻也不是很篤定，就很容易受到他人語言的影響。

對這位同學來說，他的願望是可以自由地做這、做那，但其實他內心也有個聲音在說：「這些事不是很適合。」他一開始的主訴就是希望自己別亂吃零食，但深入探討後，發現他不允許自己的事情特別多：會要求自己不要隨便吃東西，要學會化妝，不能賴床，不能去夜店，不能亂花錢去學心理學，不能辭職換工作……

他的內心裡有一種衝突，一個聲音在說：「好想做啊，誘惑好大。」一個聲音在說：

「不行啊，這是不對的。」他內心裡有個聲音在批評做這些的自己，投射到外在，就是始終覺得老公也會不允許他做這些。

現實是，老公並沒有那麼介意，真正介意的是他自己。在他的幻想裡，渴望老公能給一點支持和鼓勵，這樣自己內在的天平就可以傾斜一些，不再這麼糾結了。顯然，老公無法理解這有什麼好糾結的，所以也無法給他想要的支持。

對有的人來說，他們的另一半真的會介意這些。有的人就是會因為伴侶的反對而選擇不去學心理學、不亂花錢。這其實不是因為伴侶的反對而禁止他們，而是「伴侶的反對＋他們自己內心的反對」兩個聲音合在一起，才讓他們的天平往「不去做」那邊傾斜。

當你對某件事沒有內心衝突時，即使別人反對，你仍然能輕易地拒絕他人的要求，你不需要別人的支援，你自己就可以輕而易舉去做了。因此，我們思考他人是如何剝奪你的自由時，其實應該先回頭問自己，你自己先有了哪些自我禁止，先有了哪些不堅定——你需要處理的，是自我衝突，而非他人的禁止。

那為什麼會有這些自我衝突呢？因為那個「禁止自己」的聲音是在為自己好。你想自由吃零食、自由去旅行、想自由辭職，但這些行為會對現實層面造成影響，可能會傷害你的身體、你的錢，會導致另一方不滿而傷害你的關係。相比你內心的那些自由來說，你更在意的是造成的影響。

因此，獲得自由的方式其實不是「想做什麼就做什麼」，真正的自由不是為所欲為，而是因為有更在意的東西，而選擇不做或必須某些事。比如說不能出軌，不是不自由，而是為了更重要的家庭做出選擇；比如說責任，不是不自由，而是為了更想要的關係持久做出選擇；比如說加班，不是不自由，而是為了穩定賺錢所做出的選擇。

這也不是唯一答案，如果你覺得花花綠綠的世界更重要，你可以選擇出軌而傷害關係；你覺得輕鬆擺爛更重要，你可以選擇不負責任，讓家庭關係漸漸疏遠你；你覺得世界很大，你去看看很重要，你可以選擇辭職而浪跡天涯。

你選什麼都可以，你只需要在收穫好處的時候承擔代價就可以了，這就是你的自由。當你知道自己真正想要的是什麼，你就不會被他人的要求所影響。

真正的不自由，並非來自他人的干涉，而是你什麼都想要的貪婪。既想要關係又想要輕鬆，既想要愉悅又想要健康，既想這樣，又想那樣，還想要更多。

你一個人的快樂，是不需要顧及他人的，但當你在意一段關係時，你就要考慮對方是否快樂。當對方提出一些限制，通常是因為你的快樂影響到他的感受，讓他不快樂了。你晚上不回家很快樂，他不快樂了；你花錢買了想買的東西很快樂，但是他不快樂了。

當一個的快樂和另外一個人的不快樂交織，關係自然是難以持久的。這並不是說誰要委屈自己向誰妥協，而是你如何找到超越這件事的快樂。比如說「共贏」，有沒有一種方法是能讓彼此都感到愉悅的，這部分可以深入探討；比如說「愛」，我感覺到了你愛我，於是我也想愛你，所以我願意參與你所熱愛的事物，這部分就是下一節課想分享的。

思考如何解決不自由

1. 對方做了什麼讓你感覺不被在乎的事？
2. 你覺得對方這麼做，在要求或期待你什麼？
3. 對方這個期待，給你的感覺是什麼？
4. 如果順從這個要求，對你或關係來說有什麼好處和壞處？
5. 如果拒絕這個要求，對你或對關係有什麼好處和壞處？
6. 這兩個選擇權衡之下，哪個對你來說更重要，為什麼？
7. 當你做出自己的選擇，你如何看待對方的期待？
8. 你期待對方怎麼做，你就可以得到這些好處，而沒有這些壞處？
9. 你有什麼好的辦法，可以同時實現這兩個好處，避免兩個壞處？
10. 這個過程給你的感覺是什麼？

Lesson 05
停止證明自己不被愛

01 選擇性注意：發現愛，而非發現不愛

為什麼你總覺得不被愛？

說出來你可能不信，比起幸福來說，其實有的人潛意識裡更喜歡痛苦。比起被愛的感覺來說，有些人反而更享受「不被愛」的狀態，所以他們的潛意識就會千辛萬苦、想盡辦法證明自己不被愛，從而沉浸、享受在這種「不被愛」的痛苦中。

聽起來有點離譜對吧？不妨看看自己是否曾經用過這五種常見的方式。一般人只需要三個步驟，就可以讓自己成功體驗到不被愛的痛苦，但高手則會用五個步驟，讓自己體驗更強烈、更深刻的不被愛之苦。

第一個不被愛的方法是「選擇性注意」，意思就是對方對我好的時候，我視而不見，對我不好的時候，我卻有火眼金睛；他對我好的時候，我視若無睹，對我不好的時候，我

火冒三丈——我選擇性地只看到他對我不好的時候。

有一個同學說：「每當我有需要，老公從來不陪我。我暈倒了，老公沒有請假陪我；我開刀做手術，老公沒有請假陪我；去健康檢查，老公沒有請假陪我。」

聽起來讓人挺生氣的，但我更好奇，既然老公這樣不陪你，為什麼你還留著他呢？如果老公從來不陪你，你是哪來這麼大的勇氣，一直保持這個期待的？如果老公真的從來都不陪伴你，那正常人不是早就應該放棄這個希望了嗎？

顯然，這個同學的描述有遺漏的部分。現實情況是，老公是有陪的，只是他的注意力總是聚焦在「不陪」的時候，才得出「老公從來不陪我」的結論。

試想一下，你的生活中是否也是這樣：我想要他認可我，他認可我的時候我覺得很正常，沒有覺得多激動，但是他否定我的時候我覺得很生氣。我想要他尊重我，他尊重我的時候我覺得理所當然，他不尊重我的時候我覺得很抓狂。

你發現了嗎？你對於A和-A的反應可能是不一樣的，對於讓你滿意的情境，你幾乎沒反應，但面對讓你不滿意的情境，你會很激動。也就是說，對於那些不愛你的情境，你的潛意識對「不被愛」的時候更感興趣。

判斷潛意識感不感興趣的方式之一，就是看一個人對某一件事情的情緒反應，情緒越是激動，說明你越是投入，說明潛意識越是感興趣。真正的不感興趣並不是討厭，而是毫無反應。如果你對「被愛」沒有明顯情緒，卻對「不被愛」極度敏感，那麼最終，你的感受將只剩下「不被愛」，這就是潛意識誘導你體驗不被愛。

淺意識的有色眼鏡

選擇性注意又叫「選擇性過濾」。人的潛意識裡有範本，就像漏斗一樣。我小時候，家裡種蘋果，我們怎麼篩選大小不一樣的蘋果呢？拿一個特定直徑的圓圈，能從這個圓圈掉下去的蘋果都是小於某個直徑的蘋果。這樣，掉在地上的都是長得不太好、需要便宜賣的小蘋果了。但這時候你能說，所有蘋果都是小的嗎？只是我篩選出來的都是小的而已。

人會過濾掉跟潛意識範本不一樣的內容，只留下跟範本一樣的內容。這樣，人眼裡的事實就只有符合範本裡的「我不被愛」了，接著你會得出一個結論：「看吧，他果然不愛我。」

這就像戴上了一副有色眼鏡，你以為你看到的是事實，實際上只是你過濾後的事實。潛意識就是這樣，寧願證明自己所相信的是對的，也不願意相信事實有好的一面。潛意識會選擇性過濾事實來符合認知，而不會修改認知來重新認識現實。

當你感覺到不被愛，這可能不是事實，而是你選擇性注意的結果。在生活中，每個人能給你的愛都是有限的，沒有人能給你十全十美的愛，我把這個叫做「半杯愛」。

就像半杯水一樣，當你看到半杯水的時候，你習慣看到的是「還有半杯水」，還是「只剩半杯水」？看到「還有半杯水」是因為樂觀者的樂觀視角，看到「只剩半杯水」是因為悲觀者的悲觀視角，愛也是如此。

有一半的愛，請問這是愛，還是不愛？當對方有的時候、有的地方給你重視，有的時候、有的地方不重視你，請問這是重視還是不重視？

你內心的樂觀或悲觀會推動你去發現被愛或者不被愛的部分，那麼在愛裡，你是悲觀者，還是樂觀者呢？

半杯水的愛

可能有人會說：「不是我選擇性注意，是他真的太混蛋，他真的從來不關注我、不重視我、不回應我。」或許沒有這麼絕對，但他給的那一點點愛，幾乎等同於沒有，實在是太少了。他關注我、重視我、認可我的時候，不足十分之一，讓人不得不看到更多的不關注、不重視、不認可，於是你說：「不是我想看到半杯水，而是它本來就是空的！」

實際上不是這樣的。

當你跟一個人在一起，沒有選擇離開這個人，一定是因為他給了你一些滿足感。既然幾乎沒有滿足、幾乎沒有愛，那你為什麼還要留戀？為什麼還留下來痛苦？還不是因為你總感覺還有希望。那麼，希望是從哪來的呢？

希望來自於現實中你的確體驗過部分的滿足——如果一個人對你完完全全沒有愛的話，那麼你是不會繼續留在這段關係中的。所以，只要你還選擇留在關係裡，那這段關係就不是「空杯」，裡面不僅有，而且還挺多、挺重要的。

事實上，每個人的愛都是半杯，沒有人會給出滿杯的愛，那麼你想選擇性看到不被愛的證據，那簡直太容易了。

這裡有一個經典的感情隱喻：如果一個人有一百元，願意給你一百元，和另外一個人有一萬元，但只願意給你一千元，你會想跟哪個人在一起呢？有的人喜歡第一種，因為對方給了我他的全部，這讓我感覺到自己被重視；有的人則會選擇第二種，雖然只給了一部分，但對方給了自己很多，就會讓自己感覺到被重視。

有的人潛意識為了體驗到不被在乎，就會反過來思考：跟第一種人在一起，就會責怪對方給的數量不夠多，所以就是不夠愛；跟第二種人在一起，就會責怪對方給的比例不夠多，所以就是不夠愛。

只要你想去找，你總能找到不夠愛的角度。反之，你想找到被愛的證據，也一定能找到。現實是半杯，你卻習慣看到空杯；現實是有愛的，你更習慣看到的是不愛，其實你的潛意識從頭到尾都只是想體驗「不被愛」的感覺而已。

打破惡性循環的四步驟

那如何打破選擇性注意的惡性循環呢？

1. 發現此刻的愛

當對方做了某件讓你不開心、不滿意的事，但仔細想想，這件事有哪些部分，其實他是在為你而做的？

有的人會沉浸在受害者的感受裡，完全看不到對方此刻在受傷的時候也會力所能及地照顧你。比如說對方已經很生氣了，但是忍著沒打你、沒罵你或沒離開你，這本身就是一種照顧。這是很強的利他動機，如果你選擇忽視這份「克制」，你就會用「這是正常的」；「他就應該這樣」；「難道我還要感謝他的不殺之恩嗎？」等道理來說服自己忽視。

你可以問問自己：「假如對方此刻完全只為了自己著想，他會怎麼做呢？假如對方此刻對你的愛是零分，會表現出什麼行為？」

在互相傷害中，不僅是付出才叫愛。有時候，受限於人自身的能力，人無法給出足夠的愛。在自己的情緒裡，努力減少傷害也是在乎、愛的一種表現。何況，人在衝突中，有時的確依然想為對方做一些事。

小時候我媽媽經常打我，對我的心理造成了很多陰影。直到長大後，我學了心理學，透過訪談理解了許多家庭的打罵，我才意識到，我媽媽非常生氣的時候，也只是把我轉個身打屁股，因為那裡肉多不會受傷，這是他在當時的情境下所能做出最大照顧我的努力了。接著，我意識到：「理想的媽媽應該是溫柔、耐心、體貼，那不理想的媽媽，就沒有愛了嗎？」

當你看到的愛並不是零分的時候，就已經看到愛了。

2. 看到你的標準

當然，我們也要去理解你體驗到的不被愛是為什麼。不被愛是因為標準問題，你體驗到了不被愛是因為你設置了一個「正常」的標準，當對方沒有做到合乎你的標準時，你就直接打零分了。在這裡你要思考的是，可能那一刻你對於被愛的「正常」標準，對對方來說已經太高了。

對方是個有血有肉、有失落、有需要的人，而非一個滿足你的機器。當一個人狀態好時，和狀態不好時，他表現出來的作為是不一樣的，而當他需要你的時候，和不需要你的時候，他表現出來的作為可能也會不同。

3. 發現平時對方對你的愛

你可能覺得「找愛」像在硬拗，讓人感覺很勉強。即使這次你覺得他零分，差勁透頂了，但那並不是全部——往日的餘溫是可以溫暖今天的你的，「念著以前的好」也是我們捨不得離開一段關係的原因。那麼在以往、在平日裡，對方有哪些對你好的地方呢？想起這些的時候，你又怎麼看待當下的事呢？

不要把對方的善意當成理所當然，更不要覺得那是他應該做的。一旦你這麼想，你將變成貪婪的人，永遠在盯著對方沒做到位的地方，忽略他曾經做到的。

我並不是教你去刻意發現他的好，而是要避免只發現他的不好。你要用更全面的眼光去看待你們的關係：

- 看到此刻他沒有滿足你的地方，也要看到他曾經滿足你的地方。
- 看到此刻他不負責任的地方，也要看到他曾經負責任的部分。
- 看到此刻他不上進的地方，也要看到他曾經做過很上進的事情。

你會發現，其實他沒那麼差，你也沒那麼慘。這個過程會讓你不再聚焦於「受害者」的角色，心情會舒緩許多，同時對關係也更公平，這也會促使你們的關係更加和諧。

4. 表達回饋

你不僅要看到愛，還要去表達出來。被愛時候的表達，起碼要和不被愛時表達的強度一樣。具體作法就是：

- 如果你在他不重視你的時候抱怨，就要在被重視的時候表達感激。
- 如果你在他不陪伴的時候表達憤怒，就要在被陪伴的時候表達認可。
- 如果你在他不回應你的時候表達委屈，就要在被回應的時候表達感謝。

放下「不被愛」的受害者心態，用更全面的眼光看到他對你的好和不好，更公平地對待他對你好和不好的時刻，你就會發現，當你給予更多的正向回饋，他就會體驗到自己的價值感，從而有了願意為你做更多事情的可能，這時候你們的關係會更加滋養你。當你給予更多的是負面回饋，他就會體驗到挫敗，就更想逃離你，不想為你做更多，這時候你體驗到的就是關係惡化了。

思考如何發現愛

轉化自己：

1. 對方做了什麼讓你不開心的事？
2. 對此你有什麼感受和反應？
3. 假如對方完全從有利於他自己的角度出發，毫不克制並且只給予零分的愛，他會怎麼做？
4. 在這個標準之下，其實他力所能及地給出了什麼？
5. 你的想像裡，對方「應該、正常」給你的愛，是什麼表現？
6. 這個標準在當下他的處境裡，對他來說有哪些困難？
7. 在平時，對方做過哪些跟此刻相反、讓你感覺被愛的事？
8. 那些時候，你有怎樣的感受和反應？
9. 你覺得你的兩種反應程度有什麼不同嗎？
10. 這個過程給你的感覺是什麼？

理解他人：

1. 他覺得，你做了什麼讓他不開心的事？
2. 對此，他有什麼感受和反應？
3. 假如你完全從利己的角度出發，毫不克制並且只給予零分的愛，你會怎麼做？
4. 在這個標準下，其實你已經為他做了什麼？
5. 你覺得，在他的想像裡，覺得你應該給他什麼標準的愛？
6. 當下你的處境裡，做到這個標準對你來說有哪些困難？
7. 你可以怎麼跟對方表達你的付出和你的困難？
8. 這個過程給你的感覺是什麼？

02 解讀：不被愛，是一種被害妄想

這是事實，還是你的信念？

既然愛有時候存在，有時候不存在。那麼，究竟哪種狀態才是常態？哪種才是正常的？哪種是應該的，哪種是臨時的呢？比如一個學生，他肯定有成績好跟不好的時候，這時候他開始對自己的成績進行解讀：

- 他是聰明的，沒考好只是因為發揮失常或請不起家教。
- 他是很笨的，能考好純屬運氣或者是因為爸媽有錢請家教。

兩種心態都是對成績的解釋，顯然感受非常不一樣，而且結局也不一樣：你一旦覺得他就是很笨，考好只是運氣，他認同後就很難再去總結錯誤，結果就是成績越來越差，驗證了自己的笨。你覺得他是聰明的，只是有時候發揮失常，他認同後就有動力總結這次為

什麼失常，從而有可能考得更好，驗證了自己的聰明。

同樣，當你不被愛的時候，你就開始解釋：「此刻，他為什麼沒有給我想要的愛呢？是因為他就是個不在乎我的人，還是因為這次有特殊原因呢？」一旦你解釋為「他就是一個不在乎我的人」，你就開始沉浸在受害者心態裡，不想再去想什麼建設性的可能了，然後邊生氣、邊絕望，進入負面循環。一旦你解釋為「他是一個在乎我的人，這次沒在乎我是有原因的」，你就開始去思考原因是什麼，從而有了修復關係的可能，進入正向循環。

因此，第二個你感覺不被愛的原因是：你預設了「不被愛」才是常態，而「被愛」像是太陽從西邊出來了一樣罕見。一旦他表現出了「常態」，馬上印證了內心「果然如此」的神經，這種確認帶來了一種含有興奮感的憤怒。你可能沒意識到，憤怒裡有著一種「看吧，我果然是對的」的興奮感。

實際上到底哪種是常態呢？下雨和出太陽，到底哪種是正常的，哪種是臨時？這一方面取決於統計上的頻率，但更取決於你自己的信念。

解讀方式決定了你的情緒

解讀對方的行為，其實就是一種貼標籤的方式。解讀為「常態」和「意外」，是你內心深處對對方行為常見的兩種解讀。其實，你在關係裡會大量解讀對方的行為，甚至每一件引起你注意的事都會被你解讀。

你怎麼解讀對方的行為，直接決定你會有怎樣的感受。

我們課堂上有一位同學，姐姐向他借錢，他拒絕了。姐姐再三哀求，這個同學還是不借。他老公說了一句話：「你看，你姐都快要跪下來求你了。你這樣怎麼可能跟他打好關係啊。」（補充一下背景：這個同學來求助，有一部分原因是他跟自己的原生家庭關係不好，總覺得自己被媽媽、姐姐排擠，特別挫敗。）

這個同學聽了老公這句話後，內心湧上強烈的憤怒。他對這句話的解讀就是：「老公在否定我，他覺得我沒有能力處理好和原生家庭的關係，他覺得我和姐姐關係不好都是我的錯。」

可現實呢？老公是在否定他嗎？是在說他能力不行嗎？老公的目的是否定、打擊、挖苦、諷刺、說風涼話嗎？對老公行為以及這句話的解讀，除了「他在否定我」這一項，還有其他的嗎？

我現場採訪了一些同學，問他們聽到這句話會有怎樣的解讀和感受，每個人的解讀都不一樣。有的人感受到的是被排擠，「我本來就被媽媽、姐姐排擠了，現在連你也站在他們那邊，你就是跟媽媽、姐姐一起排擠我」；有的人感受到的是被忽視，「我拒絕姐姐已經有很大的心理壓力了，你竟然不來安慰我」；有的人感受到的是不被重視，「你在幫我姐姐說話，而不是幫我說話，你竟然向著外人」。

我想像一下，如果換成是我的話，可能有另外一個視角來看待老公這句話：老公這是在擔心你，他知道你在意跟娘家人的關係，他怕你跟他們關係不好會讓自己受委屈，他怕你再回娘家的時候，又感覺到被排擠、被忽視，他怕你又一次體驗到這種感受會很難過，所以他在幫你分析，讓你知道你為什麼跟他們關係不好。只不過老公的表達方式太直接，不懂得和女生說話要先考慮女生的感受，但也有一種可能是，老公的出發點是關心而不是否定。

我的解讀也不一定是對的，這只是可能性之一。對於老公說的這句話，解讀的可能性包括：「老公這是排擠我」、「老公這是否定我」、「老公這是忽視我」、「老公這是關心我」。換成是你，這句話會讓你有什麼感受？你如何解讀老公的話呢？如果把你們的答案全部收集起來，你會發現可能性非常多，可是這個同學的解讀就是被否定，於是他感覺到強烈的不被愛。

那你的解讀是對的嗎？在你沒有去確認對方的真正意思之前，這都是你自己的猜想，不一定是對方真實意圖。解讀就是一個猜想的過程，但你往哪個方向猜，那就很重要了：如果你往「不被愛」的方向猜，你就是不被愛了；你往「被愛」的方向猜，你就是被愛了。

解讀是尋找真實的答案

用正向的角度解讀聽起來很可怕，這不就是自以為是、一廂情願的安慰嗎？愛與不愛，全靠自己猜想？那別人捅我一刀，我還要覺得他是愛我的囉？

還真的是這樣。小龍女在古墓裡知道自己活不久的時候，就想拿刀捅死楊過，他的理由是「我要照顧你一輩子，你跟我一起死，這樣我就實現這個承諾了。」對小龍女來說，他的角度是在表達愛，這個行為健不健康是另一回事，但他的動機可能是來自「愛」。

回到現實裡，其實解讀為「愛」或「不愛」都不怎麼健康。

一味地覺得他是在乎我的、愛我的，這是一種自我安慰的阿Q精神，是一種自我欺騙；但一味地覺得他這就是不在乎我、不愛我的，這是一種自我虐待的阿P精神[3]，也是一種自我欺騙。無論是把對方解讀成好的還是解讀成壞的，本質上都是在自嗨。

最好的方式，不是你一個人解讀他的行為，而是「好奇」與「核對」。你可以直接去好奇：

「你為什麼這麼說、這麼做呢？」

---

3 相對於阿Q精神的樂觀、自欺欺人，阿P精神是悲觀且自我折磨。

「你這句話這個行為，是想表達什麼呢？」

「當你這麼做這麼說的時候，你在想什麼呢？」

「我想你這麼做、這麼說一定有你的原因，你可以告訴我為什麼嗎？」

對這位同學來說，他可以好奇：「當你說我這樣怎麼可能處理好關係的時候，其實你想表達的是什麼呢？」

先忍住你內心的猜想，使用開放式問句去問，當對方表達得越多，你內心的答案就會越清晰。然而這很難，對這位同學來說，他已經被老公的話激怒了，完全沒有空間去好奇是不是這個意思，這是因為他又掉到熟悉的「他就是不在乎我」的不被愛思維模式裡了。因此，核對之前，如果你放不下情緒，你可以像念咒語一樣默念以下句子，一遍遍提醒自己走出來：

「我感覺到的不被愛，可能是假的。」

「他不愛我，是我的觀點，不是事實。」

「我感覺到的不被愛，是我自己的慣性思維。」

「我又掉進證明不被愛的循環裡，此刻我要解脫。」

「這不是他真正的意思，他這麼說、這麼做，一定有他的原因。」

有了區分的前提，你才能做到不帶敵意地去問對方。當然，如果你忍不住，也可以去核對：「你這句話是在否定我、忽視我、不重視我嗎？」

核對的意思就是，把你的解讀說給對方聽，看看他有什麼反應。

這就像法律程序一樣，在執行一個人的罪刑之前，要先問：「你認罪嗎？」只要你真誠、認真、虔誠地去問，而非帶著敵意去問對方，你就能得到真實的答案。對方可能會客套、會敷衍，但只要你足夠真誠地再問一次，就可以獲得真實的答案。

換個角度，或許真相會不同

對有的人來說，困難點是對「他可能不是不在乎我」、「他其實是在乎我的」這種答案感到陌生。有的人會感到很不舒服，覺得這種說詞是在「硬拗」，無法接受其他可能的答案，只有「不重視、不認可、忽視、不負責任」一種可能性，這就是事實。其實當一個人想體驗到不被愛，他就不會去求證對方這句話到底是什麼意思了。他會直接把自己的想像和理解當成事實，然後理所當然地陷入難受的情緒。

我提供幾個可能性的視角，來理解對方為什麼會做這樣的行為，其中除了「他不在乎我」還有哪些原因。

第一個可能原因，他不知道。對方不知道此刻你的需要，所以沒有滿足你，你沒說，他便默認了此刻你不會受傷。你不想被否定，你渴望被接納，但你不說，你的表達方式就是在否定對方「你不應該這麼說！」可是他還是不知道應該怎麼說。

第二個可能的原因，此刻他很脆弱。一個人在狀態差的時候，就無法給別人重視，但在自己狀態好的時候就能給對方重視。比如說，對方今天剛被老闆批評了，獎金也沒了，他腦子裡正在焦慮著房貸，這時候他回家後就很難重視你、關心你。但反過來，如果今天老闆稱讚了他，獎金變多了，他回家後就有力氣主動給你重視與關心。因此，對方是否給你重視，取決於那一刻他的狀態是什麼。

第三個原因，滿足你會傷害他。你的期待對他來說需要壓抑和犧牲才能做到。比如，你希望媽媽尊重你，甚至希望他閉嘴，可是閉嘴讓他無法表達，悶在心裡覺得很難受，如果滿足你，他就在傷害自己，讓自己痛苦；如果拒絕你，他就是在保護自己，讓你覺得他不在乎你。那你覺得他會怎麼選？如果是你，你會怎麼選？

他不是想傷害你，他只是想保護自己。飛機上經常說，意外時，要先替自己戴好氧氣面罩再去幫助他人；救援時，我們也經常被培訓救援一定要先照顧好自己，因為先照顧好自己，是持續提供他人「愛」的基礎。

第四個原因，他這麼做是在為你好。媽媽的控制、上司的批評是他們認為能滿足你的方式。這種好的方式你不必接受，但也不必否定他們的動機，認為他們就是想傷害你。

換位思考，看見更多可能性

還有另外一種也不簡單的方法，叫做「換位思考」。

如果你是他，你做了一個行為，那做這個舉動的原因是什麼呢？比如說，他指責我，衝我發脾氣，這是一個非常常見的行為，那麼你會怎麼理解這個行為呢？

很多人對於被指責的理解是：「他這就是不愛我，就是想離開我、拋棄我。」我們很容易把「他指責我」和「他不愛我」這兩件事畫上等號，繼而引發被拋棄的恐懼。實際上，對於被指責的理解，只有「他不愛我」這一種可能性嗎？

我們換位思考一下。當你指責另外一個人：「你為什麼這麼不負責任！」的時候，你的內心想法、感受是什麼呢？當你在指責他不負責任的時候，你想表達的是什麼呢？

你內心可能的聲音之一：「我不愛你了，不想要你了，我喜歡那種負責任的人，不喜歡你這種的，所以我想離開你。」這時候，你的指責是在表達拋棄。

你內心可能的聲音之二：「我好挫敗，我什麼都做不好，我對自己好生氣，但我又不能對自己發火，只好責怪你，拿你當出氣筒了。」這時候你的指責是在表達挫敗。

你內心可能的聲音之三：「我好需要你。我好需要你能負起責任來，好需要你對我多用點心，多愛我、疼我，好需要你能跟我一起來建立起這個家。」這時候你的指責是在表達需要。

你內心可能的聲音之四：「我每天都在一個人面對這個家裡的大、小事，我覺得好孤單，感覺自己就像喪偶一樣，在守活寡，一個人生活。」這時候你的指責是在表達孤單。

那一刻，當你指責他的時候，你僅僅是因為不愛他而想否定他、拋棄他嗎？實際上，當你指責的時候，是更想表達無助和需要，並沒有真的想過因此而拋棄或不愛對方了，更不會做出這樣的行為。

指責可能有很多含義：

指責，是他在說我不夠好。

指責，是他在表達拋棄我。

指責，是他在表達需要我。

指責，是他在表達他很挫敗。

指責，是他在表達很孤單。

指責，是他在表達其他的情緒、感受。

你可以感受一下，當你在指責一個人的時候，你希望他理解到的是什麼意思？你覺得他理解到的會是哪一個意思？當你開始換位思考，你就知道了「指責」這個行為有很多種可能性。如果你想體驗不被愛、被拋棄的感覺，一旦你往這個方向去理解，就真的只能體驗到這種感受了。

你要記得，同一個行為有太多可能性可以解讀了，你的第一解讀不一定對，而比對不對更重要的是，你的解讀也會引導對方產生不同的反應。

思考如何重新解讀不被愛

轉化自己：

1. 對方做了什麼讓你不開心的事？
2. 你怎麼理解這件事，進行了什麼樣的解讀？
3. 這個解讀傳遞出去後，你覺得會引起對方什麼感受和反應？
4. 如果去好奇對方這麼做的原因，你會怎麼問？
5. 換位思考，試著猜想對方這麼做的五種可能性原因，例如他這麼做是因為……
6. 你覺得哪種解讀方式更符合真實的對方？
7. 選一種相對積極正向的角度去核對，你會怎麼表達？
8. 這種解讀傳遞出去後，你覺得對方會有什麼感受和反應？

9. 這兩種解讀對你來說有何不同的感受？
10. 這個過程給你的感覺是什麼？

理解他人：

1. 他覺得，你做了什麼讓他不開心的事？
2. 你感覺，你做的這件事，他是怎麼理解和解讀？
3. 這個解讀傳遞給你，引發了你什麼樣的感受和反應？
4. 你這麼做有哪些真正的原因？試著找出三個原因，例如我這麼做是因為……
5. 如果你選擇了一個最有利於關係的理由，你會怎麼向對方解釋？
6. 你覺得這種解釋，對方會有怎樣的感受和反應？
7. 這個過程給你的感覺是什麼？

03 泛化：否定的多米諾骨牌效應

什麼是泛化？

隨便解讀其實就是亂貼標籤。即使把事情往負面解讀也沒關係，最多就是說他做了一個不愛你的行為，聽起來似乎沒太大影響，也不代表整體情況。

我們來看一個例子。一位同學說：「我煮完飯後，老公都會評論哪裡有需要改進。」然後這位同學就覺得「老公一點都不認可我」。

我們來看「我煮完飯後，老公都會評論哪裡有需要改進」和「老公一點都不認可我」這兩句話的解讀為什麼會差十萬八千里。

首先，「不認可」是這位同學的解讀。那這個解讀是適合的嗎？老公也覺得這是不認可你嗎？老公會同意這是不認可你嗎？是否認可，是以誰的標準為標準呢？

這些我們今天都不討論，我們假設這就是真的，老公也承認這就是不認可你，那也只能說明老公不認可你這次煮的菜。但是每次煮飯，你老公都是這樣嗎？每次都會評論？還是有的時候有說，有的時候沒說？老公評論的時候，從來沒有說過一句好話嗎？有沒有哪幾次說過還不錯呢？

我們再假設，老公每次都會評論你煮的飯菜，而且從來沒有說過一句好話，那也只能說明老公不認可你的做菜能力。不過這時候我會好奇，都這樣了，你還在煮飯給他吃的動力是從哪裡來的呢？

老公不認可你做的菜，可以直接等同於老公不認可你這個人嗎？除非你承認你等於你煮的飯菜，那這個等式才能成立。而你除了煮飯，還有很多其他能力啊，比如陪伴、溝通、照顧孩子等等，這些地方，他統統都不認可嗎？在他眼裡你沒有一個好的地方嗎？因此，這個等式是不能成立的。

我們來瞭解一下否定的四個層次：

1. 老公不認可我這次煮的菜的配色。
2. 老公不認可我這次煮的菜。
3. 老公不認可我的煮菜能力。
4. 老公不認可我。

這四句一句比一句簡單，表達的人喜歡表達第四句，因為第四句更短且聽起來鏗鏘有力，都符合聽和說的人的省力原則。

第一種表達是對一件事情的某一方面表達不滿，第二種是對這件事表達不滿，第三種表達是延伸到一個技能領域，第四種表達則是提升到人格層面，這種表達方式是層層概括的。

在第四層裡，好像老公不認可這位同學的整個人，從時間上來說，體驗到的感覺就是「老公從來都不認可我」，從空間上來說是「老公在各方面都不認可我」，使得原本糟糕的感受一下子被放大了一百倍。

老公認可過你很多次，只是在這件事情上沒有認可，就被你全面否定，讓你覺得「你就是不認可我！」老公曾經多次滿足過你的需求，只要他這次沒有滿足你，你便認定「你就是不愛我！」

你有沒有發現，這裡問題的關鍵在於，這種糟糕的感受並不是老公傳遞給你的，是被自己的表達給放大的，這個就叫做泛化。

每一次泛化，都會讓情緒更激烈

泛化也叫全面否定，是將一個不好的點擴大到所有層面。對方可能只是否定你某一件事情，但在你的想像中，會把它變成以下三種泛化：

1. 時間上泛化

關鍵字是「從來都……」、「一直都……」、「每次都……」、「總是……」。在你的心裡，你覺得對方一直不怎麼愛你，從來都不關心你，每次都不接納你，委屈的感受層層累積，想到這些的時候，你的絕望感就會加一分。

2. 程度上泛化

關鍵字是「簡直是……」、「太……」、「非常……」。在你的心裡，你會覺得對方做的這件事非常嚴重，你會覺得他特別不在乎你，完全忽視你，簡直是一點都不重視你。事實上可能只是沒有起身替你倒一杯水，但你的玻璃心已經碎得像受到了巨大打擊一樣。

3. 人格上泛化

你會覺得自己就是個特別糟糕的人，覺得自己就是不值得被愛的、差勁的、糟糕的、沒有志氣的、玻璃心的人。這種思維模式會讓你覺得自己是個糟糕的存在，永遠都不會得到任何人的任何愛了。

每一次泛化，都會讓你的情緒更濃烈，讓「不被愛」的感受變得更加深刻。當然，你不會過於極端泛化，但在這幾個層面上，你都會有不同程度的放大解讀。而這每一次的泛化，都會讓你更深地體驗到不被愛。

當你感受到完全不被愛的時候，同時你也否定了對方，彷彿他做的事情就是糟糕至極的，甚至將他放在了「加害者」的位置。這時候對方也會覺得很委屈：「我明明沒有那麼糟糕的對你啊，你為何會體驗到如此受傷？我不是那麼差勁的人啊，為何你覺得我會這麼壞？」

其實，你也在泛化對方的壞，把他想成了一個全然負面的人。

為什麼會有泛化？

泛化的目的，其實是潛意識在引導自己體驗「不被愛」。

如果不信，你可以感受一下，當一個人在使用「一點都不」、「從來都」等詞彙表達時，內心的委屈會有什麼樣的變化呢？你誇大事實的程度越大，體驗到的不被愛感受就越強烈；你泛化得越厲害，你體驗到的難受就越深。

但僅僅是泛化還不夠，還得「單向泛化」，也就是只擴大負面的感受。就像是多米諾骨牌一樣，一旦第一塊倒下了，後面的就「嘩啦啦啦」地跟著倒下了。只要對方這次在這件事情上對你不好、讓你不滿，就會直接啟動你糟糕的感覺，讓你覺得整個人糟糕透了，覺得他一點都不愛你。

但反過來呢？你就會發現，這又不成立了。也就是說，他的一點不好可以直接啟動你不被愛的感受，但他對你的許多好，卻很難啟動你被愛的感受。這樣一來，你糟糕的感覺就沒有反彈的餘地了，只會不斷累積，讓自己越來越糟糕。

因此，泛化也被稱為「不被愛的多米諾效應」。這很像是單向的水管閥門，水可以從這一邊流向另一邊，卻無法從另一邊流回這一邊。潛意識這麼做的目的，就是為了保證體驗到「情緒」可以往另一邊流，讓自己更順利地體驗到極度強烈的「不被愛」感受。

泛化的兩個壞處

泛化的第一個壞處，就是會引發抵觸。

有一個同學說：「老公答應我晚上回來煮晚餐，結果下班的時候，又打電話跟我說他晚上要跟同事去聚餐，讓我自己去吃。」他因而對老公貼上標籤，並進行了泛化，他跟老公說：「你怎麼一點都不遵守承諾。」很自然地他們就吵起來了。

很顯然，老公是很抗拒這個標籤的。

假如這個同學說：「你這次不回家煮飯，就是沒有遵守承諾。」這時候老公會怎麼反應呢？這和「你怎麼一點都不遵守承諾」帶給人的感覺，會有什麼不同呢？

第一種就事論事的討論，老公可能有點不太高興，可能會解釋，可能會說下次一定補償。第二種極端的表達很容易讓老公直接爆發，即使沒有立刻表現出來，也會即刻陷入沉默，沒有辦法再繼續溝通下去。

在批評的時候，過度泛化是會讓他人產生強烈抵觸的，因為對方沒有辦法承認他做出這個行為就是一個糟糕的人，他有一次沒做好就是不愛你。即便對方再怎麼不在意，也很難坦然接受「是啊，我就是個糟糕透頂的人，就是對你很不好啊」，他的內心還是會抗拒這樣的評價。

從這個角度來說，對方表示不同意，會抵觸、會反抗是一件好事，這代表他還是很在意你是怎麼看他的，你對他來說還是很重要的。他不希望自己在你眼裡的形象那麼糟糕，他不想被你說得一無是處。如果有一天，無論你怎麼評價，他都無所謂了，反而你們之間更容易分開。

泛化有另一個壞處，即這是一種「催眠」。你長時間給對方一個糟糕的催眠，久而久之他的潛意識就會認同這個評價。

《水知道答案》就是很典型的故事，你總是對一朵花植入「你很糟糕，我很討厭你」的催眠，花就會枯萎。但是當你對一朵花植入「你很美麗，我很愛你」的催眠時，花就會開得更鮮豔。雖然這個故事被很多人詬病，覺得不科學——這可以理解，畢竟水是沒有生命的存在，而花是沒有人類語言的植物——但放到人身上，這就很明顯了。

當一個孩子從小被植入「垃圾」、「蠢笨」、「沒人會愛你的」的催眠，孩子的生命力就會枯萎，但你總是給他「你很好」、「我很愛你」的催眠，他的生命力就會綻放。

伴侶也是如此，你在正面表達的時候多加泛化，他替你做了一頓好吃的飯菜，你可以泛化到「這菜連米其林廚師都做不出來，因為裡面加了你對我的愛，我感覺到你好愛我啊」，不光讓伴侶聽了開心，還是一種正面的催眠，他會更加愛你。

所以，你想讓你的伴侶擁有什麼樣的特質，你就要帶個放大鏡找到他與此相關的點滴行為，然後泛化、強調，慢慢的，他真的會成為你想要他成為的樣子。當你需要表達負面情緒時，應該就事論事，只局限於行為，就可以避免負面催眠了。

不泛化，是維繫愛與關係的關鍵

現在，原理已經講清楚了，矯正的方法其實也很簡單：如果你希望讓自己過得舒服一些，就要學會就事論事，避免泛化，不要動不動就無限上綱。

潛意識是沒有空間和時間概念的，它會覺得瞬間即永恆，此刻即全部。因此，你需要學會如何區分，當你遇到讓你不滿意的事情時，將事件加上時間、地點、次數是有其必要性的，更不要說些「一點都不」、「從來都」、「每次都」、「根本就」、「總是」、「簡直太」等誇大的詞，減少情緒放大。

簡單來說就是，稱讚時可以說得天花亂墜，批評時就就事論事，這既是讓自己更舒服的方式，也是讓對方變得讓你更滿意的方式。那具體該怎麼做呢？

首先，如果你在表達不滿，你就要加上「這次」。在表達的時候，要強調特指這件事，避免涉及到這個人進行人身攻擊，也要避免涉及到其他時候。

其次，如果可以的話，具體描述哪個方面不滿意。

第三，採用「先壞後好」的表達方式。當你表達完了對這件事的不滿後，也要補充其他時候對方做得好的地方，讓他知道其他時候他是不錯的，避免對方因為你的否定而引發過激反應。

不泛化是增加愛的方式，既能避免衝突又能清楚表達自己的需求。但對一些人來說，這樣的做法可能會感到彆扭和難受，因為他們的潛意識已經習慣了，就是想體驗到那種難受，沒體驗到痛苦反而不習慣，不如發牢騷、怨天尤人，成為受害者更痛快。

不讓自己受傷的思考方式

對方的表達方式也可能是泛化的，如果照單全收，你也會體驗到不被愛。出於省力或洩憤等潛意識需求，對方可能會用人格層面的攻擊來表達不滿，這時候，你就需要澄清，幫他回到就事論事的討論模式，可以問對方：「你是覺得我哪個細節不夠好呢？」

比如說，對方說「你真的是有夠蠢」。如果你選擇反擊，你兩個小時的時間就沒了，接下來一天可能也會過得很糟糕。但如果你選擇澄清，你可以問：「你是覺得我哪方面比較蠢？這件事裡的哪一方面，讓你覺得我表現得很蠢？」

即使你不想澄清，你也可以在心裡告訴自己：「他是在說這件事，而非說我這個人。」

容易受傷的人，會把負面評價套用到自己的人格上；懂得保護自己感受的人，則會自己把對方的情緒還原到事情本身。

舉例，當我出門忘記帶鑰匙的時候，我會被罵「你怎麼這麼笨」。這時候，我就會告訴自己：「我今天沒帶鑰匙，表現出了笨的一面。不是我這個人比較笨。」然後我就原諒自己了，告訴自己：「我一個知名大作家，不可能全知全能，什麼事情都知道、都會吧！要那麼都聰明幹嘛？別人還怎麼活？」有時候，為了活躍氣氛，我甚至會把這句話說出來，讓對話變得更輕鬆。

思考如何就事論事的表達

轉化自己：

1. 對方做了什麼讓你不開心的事？
2. 如果只否定對方這一件事，你會怎麼表達？
3. 詳細說明，只表達這件事某個方面的不滿，你會怎麼表達？
4. 否定這個人這方面的某種能力，你會怎麼表達？

5. 如果是否定對方的整個人，你會怎麼表達？
6. 這四種表達中，哪一種你更習慣，對你來說感受有何不同？
7. 除了這件事之外，對方其實還有哪些好的時候，你會怎麼表達？
8. 你覺得不同的表達，對方會有什麼不一樣的反應？
9. 這個過程給你的感覺是什麼？

理解他人：

1. 他覺得，你做了什麼讓他不開心的事？
2. 你覺得其實對方在表達對你的什麼不滿？
3. 當你對抗這種不滿時，你會怎麼表達？
4. 你會怎麼去好奇、詢問這件事情中，對方具體不滿的地方？
5. 當你好奇而非對抗不滿時，你覺得對方會有什麼感受和反應？
6. 這個過程給你的感覺是什麼？

04 翻舊帳：尋找不被愛的證據

翻舊帳是選擇性回憶

經過選擇性注意、解讀、泛化這三個步驟後，你「不被愛」的感受簡直就像修通了管道一樣湧現，之前累積、壓抑的憤怒與委屈都順著這個管道流出來，然後你的大腦就會開始做一件有意思的事——翻舊帳。

你會開始想昨天對方做了什麼，上個月他做了什麼，剛認識的時候他做了什麼，聽說以前他還做過什麼……當下這件事情再加上之前的那些證據，足夠充分證明「你不愛我」、「你就是不愛我」了吧！這時候就會加劇你的憤怒、委屈，你開始有更多的證據支持你的解讀和泛化都是對的。

老公和朋友出去喝酒，半夜才回家。你告訴過他，希望他早點回來陪你，可是他還是喝到半夜，讓你覺得他不愛你，然後你想起去年你生病期間他不關心你；你想起前年過年，他不願意陪你回娘家；想起坐月子的時候，他表現冷淡的樣子，想起大前年、大大前年、大大大前年……越想越氣。

讓自己難受還不夠，還得讓自己更難受！想翻舊帳還不容易嗎？哪對情侶、夫妻之間沒有過節，誰對誰曾經是完美的呢？問題是，這時候你不會想起以前他對你好的時刻來抵消掉當下的委屈，你只會想起他對你不好的時刻，來「鞏固」自己的委屈。

有了這些「故事」作為證據，就像是板上釘釘的事實。如果說，解讀和泛化只是一種概念性、模糊的感受，那麼翻舊帳就可以讓這種感受變得更清晰、有畫面，這時候的對方在你眼裡就真的是一個罪行罄竹難書的人了，讓你越想越委屈。

想讓自己更委屈的話，僅僅找到確鑿證據是不夠的。還要找一些有些微相關的事情、不相關的事情硬湊在一起，讓它們一起成為證據。比如說「疑人竊鈇」，因為自己的斧頭弄丟了，看鄰居的種種動作都會變成你心中「他偷斧頭」的證據，看那人的臉色、表情也像是他偷的，聽他的言談話語更像是他偷的；那人的一言一行，一舉一動，都像是他偷了你的斧頭。

一位女性不相信自己是被丈夫所愛的，也不相信自己值得被丈夫專一對待，總是去驗證丈夫的專一程度。比如，每天回來都要搜丈夫身上有沒有女性的頭髮。雖然從來都沒有搜到過，但他還是嚎啕大哭。丈夫不解地問：「沒有搜到女性頭髮證明我很專一，你哭什麼？」該女的一席話讓無數人啞口無言：「你這個該死的傢伙，居然連尼姑也不放過！」

要證明自己不被愛，就要翻舊帳、找證據，找不到證據就去創造證據來證明，這時候加油添醋就會讓潛意識所體驗到的感受更加熱鬧。

找證據和選擇性注意是不一樣的。選擇性注意是被動的，是你對現在不被愛的時刻有反應，選擇性忽視掉現在被愛的時刻。而找證據更狠一點，是主動強化自己「不被愛」的過程。

實際上，健康的親密關係是這樣的：你生氣離家出走，路過手搖飲商家時，想起了對方喜歡喝奶茶，想起了對方曾經買奶茶給你喝；走著走著看到了菜市場，想起了對方喜歡吃魚，或者想起了對方曾經煎魚給你吃，於是順便進去買了一條對方喜歡吃的魚回家。

這時候，昔日的溫暖就會抵消掉當下不被愛的委屈，原諒對方此刻不夠好就是一件相對容易的事了。然而翻舊帳的人，不會想起以前他對你好的時刻，只會想起他對你不好的時候，來加深自己的委屈。

翻舊帳是釋放未解情緒

很多情感專家都是極力建議避免翻舊帳的，但我不這麼認為。兩個人的點點滴滴不可能被遺忘，而且那也是感情很重要的組成一部分，不應該被忽視。而且讓人在有情緒的時候不去回憶往事，無異於想堵住馬上要決堤的河流，太困難了。

在我看來，舊帳還是要翻的，不僅要獨自在腦海裡翻，還要如數家珍一樣，一件件拿出來和對方討論。有舊帳想翻，說明當時的情緒並沒有過去，那翻舊帳就可以昨日再現，重新處理當時的情緒了。這就像是期末考試一樣，考試雖然結束，但當時不會做的題目難道就不需要回頭複習了嗎？期末考試不是最終的決賽，後面還有期中考、大學考試等需要你去面對。回顧那些錯誤的題目，雖然會讓你心裡有些挫敗感，但這對未來是有利的。同樣，如果你們的關係還要繼續，那些曾經讓你無法釋懷的事情，就應該拿出來討論，不然那些事情就會像一根刺積壓在你心裡，等到下次類似的情境時再次爆發。

只不過討論的時候，首先要注意場合，不要在雙方情緒激動的時候提起，而是狀態好的時候約好一起談。其次，你需要向對方講明白，你不是要抓著過去的事情不放，不是要責怪對方，而是你心裡還有些情緒沒有釋懷，你想透過談論來消化這些情緒。當對方感覺到你的動機是求助的時候，他才可能願意和你好好談。

需要注意的是，舊帳分為兩種，有好的與壞的舊帳。就像前面提到的選擇性注意，要看你就看全面一點，既回憶對方的錯也回憶對方的好。翻舊帳也是，你得把好的、壞的都翻出來。像是打牌一樣，出一張壞事牌，也要出一張好事牌；出一張記仇牌，也要出一張感恩牌。雖然在當下他確實是不愛你，但是當你能夠找到更多證據，證明他在很多時候還是很愛你的，你就不會那麼難受了。

哲學家曾說：「人是過去經驗的總和。」這句話更準確的說法應該是：「人是『自己記住的、感興趣的、特別注意到的』過去經驗的總和。」而你記住的那些經驗本來就是偏頗的，它只是為了引導你證明自己就是不被愛的。

要打破找證據、翻舊帳的循環，很重要的一步就是要意識到：兩個人之間，所發生的愛與不愛都是無限多的。只要你去仔細發現、當你開始搜集證據時，其實不被重視的次數是無限多的，被重視的次數也是無限多的。

選擇找什麼證據，決定了你的感受

之所以說愛與不愛的時刻是無限多的，我們可以從這幾個方面來考量：

客觀來說，兩個人每天都會經歷無數的事情，大部分事情會被遺忘，甚至都沒有被存進記憶。隨著兩個人的相處時間增加，你們之間發生的事情也會變得無限多，而你能記得的都是大事，是帶給你強烈感受的事，但這不代表這些事就是相對占比最多的。

愛與不愛是一件很主觀的事。只要你去解讀，你可以感受到無限多的被愛，你也可以感受到無限多的不被愛。只要你願意去發現，你就可以發現，你每天生活在這個世界上，被陽光、大地和世界愛著。

幸福是可以被主觀無限放大的。你會覺得陽光明亮、水波溫柔就是一種幸福；你會覺得歲月靜好、現世安穩就是一種幸福；你會覺得，我來人間一趟就要看看太陽是一種幸福；你會覺得和心愛的人一起走在大街上是一種幸福；你會覺得「流浪在拉薩的街頭，我是世間最美的情郎」是一種幸福。你能感受到來自宇宙的愛，可以體驗到無限多的被愛。

當你選擇去發現愛，你會發現無數的愛，而當你選擇去發現不被愛時，證據也會不斷浮現。所以，客觀上並不存在到底愛你的時候多，還是不愛你的時候多；到底重視你的時候多，還是不重視你的時候多，因為兩者都是無限多的，關鍵在於你喜歡、選擇去找哪一種證據，這就很有趣了。

有些人覺得尋找被愛的證據聽起來是一種自我安慰，「明明人家對你不好，你還非要去找人家的好，還要去原諒人家。」有的人甚至會覺得：「這不是在作賤自己嗎？」

尋找被愛的證據並不是為了要原諒對方的糟糕，而是為了讓自己好受。如果恨可以解決問題，那我願意給你注入一千噸、一億噸的恨，但要知道的是，原諒不是為了別人，而是為了自己。除非，你就是想沉浸在這種不被愛的痛苦裡——痛並快樂著，那你就可以大膽地去體驗這種恨了。

不被愛的感受是真的嗎？

如果非要判斷到底是「愛」的證據更多，還是「不愛」的證據多，其實有一個判斷標準可以參考，就是：「你有沒有離開他？」

我曾經在這麼講的時候，有同學回應說：「我只是貪戀他那僅有的一點點好罷了。」我會說：「這不得了了，他那僅有的一點點好就可以把你留下來，這代表那一點點好對你來說是非常重要的，足以抵消掉他其他的不好，讓你留下來。」

有的人會問，不知道自己是不是該離開？當你糾結的時候，至少你體驗到的好與不好、愛與不被愛是平衡的，就像蹺蹺板一樣，你不知道該往哪一邊偏。倘若這時候，他對你再糟糕一點，你早就不糾結了，你會讓他能滾多遠就滾多遠。

所以，當你糾結時，不必糾結。糾結是因為你的確還在某種程度上感受到被他愛著，與其放棄，我會建議不如再搶救一下。是否是你對他期待太高？期待太高，你就會體驗到太多不被愛。你體驗到太多不被愛，有多少是事實？有多少是你經過前面四個步驟，自己加工創造出來的呢？

還有人覺得：「我不放手，是因為我付出太多了。」這顯然不是理由。你還得覺得有回本的可能才能堅持付出，要是你真的覺得回本無望，早就停損了。那麼，你這對於能回本的希望是哪裡來的呢？還不是因為你感覺過被愛。

所以，你可以問問自己：「你是真的想離開他嗎？」如果是真的想離開，那就乾脆一點，別拖拖拉拉的。如果你想搶救這段關係，還沒到分開的程度，那你就要做些努力，去做些積極的改變。

翻舊帳並不是一無是處，除了證明自己不被愛外，還有一個功能就是調節關係的距離。當你的潛意識感覺自己跟一個人的距離過近的時候，就需要翻舊帳並放大事情來推開這段關係。有時候，你也會翻起「好的舊帳」，尤其是在分開的時候。

很多人在與對方分開或冷落一段時間後，就開始想起對方種種的好，彷彿好了傷疤忘了痛，好像那些負面的部分都模糊了，而對方的好卻更加鮮明。這時候是因為你的潛意識感受到關係距離拉遠了，你渴望透過回憶好的事情來再次拉近關係、渴望愛的回歸。

思考關於翻舊帳、找證據

轉化自己：

1. 對方做了什麼讓你不開心的事？
2. 你覺得這說明了對方是一個什麼樣態度的人？
3. 還有哪些以前的負面往事、證據，能證明他就是這樣的人？
4. 想到這些證據後，你的感受有什麼變化？
5. 這些證據傳遞給對方知道後，對方會有什麼感受和反應？
6. 有哪些相反的往事、證據，證明他其實不是這樣的人？
7. 想到這些證據後，你的感受有什麼變化？
8. 這些證據傳遞給對方後，你覺得對方會有什麼感受和反應？
9. 你擅長找哪種證據？
10. 這個過程給你的感覺是什麼？

理解他人：

1. 他覺得，你做了什麼讓他不開心的事？

2. 他覺得，這樣的你就是一個什麼樣的人？
3. 你感覺，他會翻哪些舊帳、證據，證明你是這樣的人？
4. 其實你有哪些證據和往事，證明你對他不是這樣的態度？
5. 如果把你這些積極的往事表達給對方聽，你覺得他會有什麼感受和反應？
6. 這個過程給你的感覺是什麼？

05 勾引：別人怎麼對你，50%是你促成的

你的反應決定對方的反應

在關係的互動中，對方怎麼對待你，有一部分是由你決定的。

也許最初的推動力是他做了什麼，是他發起了爭執，但是經過你的加油添醋，你們之間的矛盾越演越烈，到後來讓你體驗到不被愛之苦的並不是最開始的衝突，而是後來你們之間強烈的矛盾。

有時候，另外一個人的確在否定你、忽視你、控制你、指責你，這會讓你很難受。這時候，有一個很重要的問題就出現了：你會做什麼反應呢？如果你的反應是建設性的，就可以阻止對方的過分行為，從而讓自己的感覺好受一些，甚至可以改變對方的行為，讓他正確地對待你，讓自己感覺更舒服。但這時候，如果你的反應是破壞性的，那麼這場衝

突只會更加激烈，讓對方更過分地對待你，從而讓自己承受更大的痛苦。

從這個角度來說，對方怎麼對待你，有一部分是你潛意識裡「故意」挑起的。你的意識層面或許希望對方溫柔體貼地對待你，但你的潛意識可能會選擇不恰當的應對方式，讓對方更過分地對待你。只有這樣挑起對方的憤怒，你才能「成功」體驗到不被愛、糟糕的感受，而這個淺意識的行為模式叫做「勾引」——是你一步一步勾引了對方對你不夠好。

我們來看一個互相勾引的故事。有一個同學說：「老公出差到晚上九點回來，不是直接回家，而是說了句要先出去和別人吃飯。」

第一回合，同學開始應對。他在聽到老公的話之後，就冷冷地說了一句：「知道了，你去吧。」他說這句話的本意其實是句氣話，是希望老公能發現自己生氣了從而妥協。很顯然地，這不現實。直男老公沒發現這是氣話，也許發現了但就是想順水推舟，老公的回應是：「好的，謝謝你，那我去了。」

「你說氣不氣？這個人怎麼就聽不出我的意思呢？還謝謝，謝你個頭！」第一回合以這個同學的失敗告終，接著這個同學就直接拿出殺手鐧進行第二回合。

他忍不住對老公冷嘲熱諷：「你每天就知道吃喝玩樂，一點都不知道顧家！」

「每天就知道」、「一點都不」這兩句的泛化程度非常高，這種指責幾乎會讓對方本能地反駁。對一個男性來說，「不顧家」這個指責是極度刺耳的指控，非常容易反彈的，這跟一個女性說他年紀大、變胖了一樣，即使是事實，你也不能說得太直接，不然很傷人。

夫妻在一起就是有這個特點：特別能精準狙擊對方的軟肋。這時候，老公被擊中軟肋了，心裡十分委屈，心裡會想：「有這麼誇張嗎？我不就是沒回家先出去吃飯嗎，有需要發這麼大脾氣嗎？有需要講成這樣嗎？」於是，老公就反擊了一句：「我就不應該跟你講實話，還不如跟以前一樣騙你比較快，反正說不說實話，你都會生氣，根本不理解我在想什麼。」

這句話，老公也精準狙擊到他的軟肋了。那一刻，老公的潛意識是這麼想的：「你不就是怕被忽視嗎？你不就是覺得我忽視了你嗎？你不是被忽視的時候覺得很難受嗎？那我就明確告訴你好了，下次我還是會忽視你。」

這句話一說出來，就可以讓老婆更難受了。他本來就因為被忽視很生氣，「這以後是要直接不跟我講實話了啊，那是要更直接略過我啊」，這時候這個同學就體驗到了更加被忽視的感覺。

第二回合，這個同學又輸了，他更生氣了。

這個同學說，最後我們慣性地互相抱怨，我自己情緒發洩完，也接受了事實，老公還是沒回來。也就是第N回合，都以這個同學更加生氣和無奈而結束。

讓對方難受，其實是讓自己更難受

人會透過讓對方難受的方式，來讓對方更不願意愛自己。

當一個人感受到自己被否定、被忽視、不被愛時，他心裡其實是很難過的。但是為了防禦這種難過，為了不讓對方知道這種難過，他會選擇反向表達，用指責、講道理、誤解、扣帽子、威脅、逃避等種種方式來讓對方也難受，所以同學假裝無所謂地說氣話：「知道了，你去吧」，遭到拒絕之後又指責說「你每天就知道吃喝玩樂，一點都不知道顧家！」這兩句話都在以攻擊的方式防禦自己被忽視的難過。然而攻擊，只會導致對方反擊，讓矛盾更加劇烈。

大多數人都有這種反應模式，你讓對方難受，對方不會去改變，反而會採取讓你更難受的方式來回應你，然後你就真的被更糟糕地對待了。這時候，你就成功地驗證了：「看吧！他就是不愛我的。」

如果說，泛化是讓糟糕的情緒被放大，那麼勾引則是讓這種糟糕的體驗持續下去的方式。意識層面上，你不覺得是自己勾引的，是對方本來就很壞。那你知道這句話說出來，對方會有什麼反應嗎？你知道你冷嘲熱諷地說「你怎麼整天就知道吃喝玩樂，一點都不顧家」的時候，老公會有什麼感受和反應嗎？很顯然，老公會爆炸。

同樣的，你以為老公不知道嗎？「早知道不跟你講實話了，還不如跟以前一樣騙你比較快」這樣的話說出來，老婆會有什麼反應，他難道不知道嗎？他也是知道老婆肯定會更生氣的。

其實人在發動攻擊之前，潛意識是知道這麼做的後果的。你不舒服，就讓對方難受，然後對方難受了，也會讓你難受。明知道會這樣，還要做讓對方感到難受的事情，圖什麼呢？只能說，就是為了讓自己難受——完成自虐。

修復關係，從意識到自己的行為開始

其實，這件事完全可以用不必生氣的方式來處理。一開始也許是老公的錯，但後面越來越氣，就是彼此處理問題的方式所導致的。

老公的問題當然很嚴重，對老公來說，如果他能識別到老婆被忽視、被拋棄的創傷，他就不會說勾引老婆更生氣的話。他可以選一個能安撫老婆的應對方式，比如說提前商量表達出重視的態度，比如說帶個老婆心儀的禮物並預告，比如說先關心一下家裡的事。只要先傳遞「重視的態度」，其他的事就好說了。

女生的問題也是一樣。如果他識別到了老公有被否定、被控制的創傷，他就不會說狠話。他就可以一致地表達：「其實我很需要你，你對我很重要，如果你早點回來的話，我會感覺到你很愛我。」而這些也是破「勾引」這個局的方法。

首先，停止就是進步。你要做的第一件事，就是觀察你在受傷的時候，習慣性使用的應對方法是什麼。你是在使用指責、講道理、委屈、說反話、道德制高點等方式企圖改變對方，還是在用逃避、想換人、忍耐、自我安慰等方式逃避問題？

其次，意識到自己的勾引。你問自己一個問題：「我這麼做，對方會怎麼反應？對方的反應會讓我感受到什麼？」這時候你就能發現，其實是你自己在給自己挖坑，想讓對方糟糕地對我。

第三，識別雙方的創傷。你可以問自己：「他在啟動了我的什麼創傷？我這個本能反應，會啟動他什麼創傷呢？是被否定、被控制、被忽視，還是其他？」當你從創傷的角度去思考問題的時候，你就對自己和對對方多了很多理解和心疼。

第四，照顧自己的創傷。最直接的照顧方式是表達自己的需要。你希望對方怎麼做，希望對方早點回來，你就直接說，並附加原因：「我希望你早點回來，因為這會讓我感覺到被重視。」「我希望你能理解一下我想晚點回家的情況，這會讓我感覺到被接納。」

你可以邀請對方來安撫你的創傷，而不是期待他「自己應該知道」，你才能真正讓關係變得更健康。當然，你的邀請可能會被接受，也可能會被拒絕，但這才是成熟關係的溝通方式。其次就是照顧的方式，包括自我安撫，分析這個愛為何這麼重要等等。

如果有足夠的能量，你可以進一步照顧對方的創傷，去做一些讓他感覺到好、感覺到被愛的事。

正回饋：最簡單也最有效的愛的累積方式

如果你覺得這些方法太複雜，那「正回饋」永遠都是一條不會錯的路。現在，你發現了其實你一直在被愛著的。如果你想要更多，你可以去創造愛，方法就是：給予正回饋。

正回饋就是在對方做好的時候及時表達稱讚、認可、感謝、獎勵、表達愛等。你不需要說些虛假的話，你只是把你選擇性注意觀察到對方好的部分回饋給他就好了。你也可以想想，你有多久沒有跟對方表達過「謝謝你」、「你真好」了呢？你可以在對方做到的時候和好的地方，多給予一些正回饋。在沒做好的時候，不給予回饋或少給回饋。

正回饋不僅是打破選擇性注意的方法，更是「勾引」對方做更多的方法。當一個人接受到許多正回饋的時候，他就會覺得被你看見、被你欣賞了，從而願意更靠近你、更願意為你付出、做事情。在幼稚園裡，老師會用獎勵點數的方式，鼓勵小朋友多做正確的事；在長大之後，又用考核、排名、光榮榜等鼓勵人做應該的事。古人也說，「士為知己者死」，一個懂得欣賞你的人，你可以到為他去死的地步。

被看見、被欣賞，是很重要的關係回饋，這會引導對方為你做更多。如果你總是強化對方的負面行為，他的負面行為就會被加強；如果你總是強化對方的優點，他的優點就會被加強。

正回饋或許對一些人來說並不習慣，但可以讓關係走向更好。有的人覺得，「我有表達過正回饋啊，但好像沒什麼效果。」其實，正回饋有兩個條件：

1. 累積

正回饋是一次、一次不斷地慢慢累積、強化，它不是吃一口飯就會變胖，而是像滴水穿石一樣，一滴水、兩滴水無法一次見效，是需要時間持續累積的。

2. 正回饋比負反饋多

就像減肥一樣，你要消耗的熱量要大於你吃進去的熱量才能瘦下來。如果負回饋比正回饋多，且負回饋的情緒很強烈，正回饋的反應相對平淡，那麼你那一點點的正回饋幾乎是白費力氣。正回饋的次數和強度，必須大於負回饋，才能真正產生改變。

有的人覺得，他也沒跟我說過這些正回饋啊。是的，這一刻他沒有那麼想要得到你的愛，所以他沒必要這麼做，而你想得到更多的愛，你就要做更多。

關係是誰想要誰去做，而不是誰應該誰去做。如果你覺得不公平，那公平不是你們應該做得一樣多，而是你付出的和想要的要一樣多。

愛不會在一夜之間消失，也不會在一夜之間重建，愛是一次次逐漸消失的，而愛的創造也是一次次逐漸建立的，除非你一次做很大的動作，比如說匯一百萬給對方，割一個腎給對方，英雄救美於危難之中等等，才能建立起很深的愛，大多數關係都是透過「日常中的點滴累積」來建立的。

思考如何正向誘導

轉化自己：

1. 對方做了什麼讓你不開心的事？
2. 對此你做出了什麼應對反應？
3. 你的這種行為，會讓他有何感受和反應？
4. 對方新的反應，又會帶給你什麼感受和反應？

5. 對方的新舊行為，會啟動你的什麼創傷？
6. 此刻，你可以怎麼照顧自己的創傷，跳出你們的循環？
7. 此刻，你可以怎麼跟對方直接表達你的需要，跳出你們的循環？
8. 如果給對方一些正回饋，此刻你會怎麼表達？
9. 你感覺這樣多表達正回饋之後，在面對類似事件後會有何不同？
10. 這個過程給你的感覺是什麼？

理解他人：

1. 他覺得，你做了什麼讓他不開心的事？
2. 對此，他做了什麼應對反應？
3. 他的反應，又給你什麼感覺和衝動？
4. 這種衝動，會啟動對方的什麼創傷？
5. 此刻，你可以做什麼不一樣照顧對方的創傷，跳出你們的循環？
6. 當你這麼做後，對方會有什麼新的感受和反應？
7. 這個過程給你的感覺是什麼？

06 不被愛的好處：熟悉比幸福更重要

前面我們講解了人是如何成功讓自己反覆體驗「不被愛」的難受感，我想你內心會有一個疑問：為什麼人要這樣對待自己？答案是因為「強迫性重複」。

強迫性重複是一種情緒習慣，人總會無意識地、忍不住去重複某些固定的情緒體驗，比如被誤解、被否定、被忽視、被控制。從意識層面看，這樣做沒有任何好處，甚至只會讓自己更難受，但從潛意識層面看，這樣做卻有一些隱藏的好處。

要打破強迫性重複的方式就需要放下這些潛意識裡的「好處」，但要放下之前，首先要看清楚，強迫性重複的「好處」到底是什麼。

為何總是讓自己體驗「不被愛」？

第一個好處是符合自我認知。

當你感到孤單，你渴望被陪伴，你卻覺得沒有人陪你。這其中真正的問題不是沒有人陪你，而是你的大腦幻想了「我不值得被陪伴」的想法，是這個想法創造了你的孤單。

健康的陪伴不是一直有人陪你，而是：我內化了一個或一些可以陪伴我的、穩定的人存在，即使他們此刻沒有陪我，不代表我不值得被愛，我相信這是暫時的，我很快就會再次得到陪伴，因為我相信「我值得被陪伴」。

有的人在不被愛的時候，會陷入一種自我否定：「我是一個不值得被愛的人，沒有人會愛我」。有些單身的人之所以焦慮，是因為他們相信了「我找不到愛我的人了，沒有人會愛我」。換個視角，當他們開始相信自己值得被愛，他們就會相信自己一定會遇到，只是目前因為一些特殊原因才沒有遇到，那他們對孤單、不被愛的焦慮就會減輕許多。

在親密關係中，健康的狀態就是內化了一個或一些穩定的客體：雖然此刻我沒有被愛，但我相信愛是存在的。當我需要時，大概率還是會出現，即使下次沒有如願出現，我也認為這只是暫時的，因為我值得被愛。

這並不意味著盲目自信或停滯不前，而是當我知道「這不是因為我不夠好」之後，我就可以去思考，為什麼這次沒有感受到被愛的原因：此刻我沒有被愛，可能是我沒有表現好，可能是我沒有清楚表達需求，或者是某些可控因素影響了關係。當我能找出這些原因並調整，我就能主動創造更多的被愛體驗。

而不健康的被愛狀態則是：我相信愛是不穩定的，因為我自己不夠好。即使我此刻被愛了，也無法相信這份愛會持續，總覺得下一刻就會消失。當愛真的缺席時，這反而成為「愛終究會離開」的最佳證明，我從內心就相信：「沒有人會真正愛我，我是不值得被愛的。」在這種預設裡，不斷去驗證「自己不被愛」才是最讓人踏實的行動，因為這符合內心對世界的認知。

你的內心正在尋找熟悉感

第二個好處，是和童年吻合所帶來的熟悉感。

你之所以會有這樣的自我認知，是因為你從小的體驗就是這樣。強迫性重複的糟糕感覺是你童年時期一直經歷的感覺，比如說，你的父母是個麻木的人或者他們習慣沉浸在自己的世界裡，那你就是會被忽視的。你家裡有一些更重要的人，你也會被放到第二、三甚至四、五位，那你就總是被忽視。這時候，你會形成「我的本質就是會被忽視」的認知，並且在長大後無意識地重複這種情境。

有一位同學從小他媽媽身體不好，然後他媽媽就是全家的中心。爸爸、奶奶等人都會說：「你媽身體不好，你多讓著他。」然後他整個童年，就是在以媽媽為中心的氣氛下度過的，他就一直是被忽視的。有的人更慘，有些孩子被寄養在外婆、親戚家裡，那在這個家裡就更沒有地位，更容易被忽視。這種從小就經常體驗到的「被忽視感」，在長大後很可能會導致對「不被重視」過度敏感，然後無意識地讓自己重複經歷這種感覺。

有的人從小就被批評，他就對不被認可的感覺特別熟悉。那麼從小被表揚、被認可的人，就不會對不被認可有熟悉感了嗎？也不一定。我們有一個同學從小成績優秀，一直被表揚、稱讚，是那種典型的「眾星捧月、別人家的孩子」，但長大後依然有巨大的「被否定創傷」，對被認可有著極大的渴望。這是怎麼回事呢？

他小時候一直被認可，可是他有個哥哥非常調皮，成績差，經常被爸媽揍，他從小就耳濡目染地知道了不優秀、不聽話的後果，雖然他自己沒有經歷過被批評，但做不好被否定的後果他是很清楚的。所以對他來說，他是透過近距離觀察哥哥的狀況，習得了對於被否定的恐懼感。被控制也是如此，如果你小時候總是被父母過度掌控，長大後就會無意識地去重複被控制的感覺。

所以，強迫性重複，其實是在重複從小到大最熟悉的感覺；而強迫性重複的本質其實是創傷，那是你從小到大經歷了幾百萬次的創傷，最終形成的自我認知與行為模式。

為什麼我們更容易選擇熟悉的痛苦？

那麼熟悉有什麼好處呢？熟悉會帶來安全的感覺。比如你以前一直騎自行車，剛剛學會開車的時候，遇到緊急的事情你還是會不自覺選擇騎自行車而不是開車，雖然開車更快、更方便，但是你對開車不熟悉，雖然騎自行車要慢很多，但是你熟悉，你騎自行車的時候會感覺到安全。

雖然不被重視、不被認可、不被尊重等不被愛的感覺很難受，但這是你從小到大都熟悉的感覺，你知道該怎麼應對、怎麼處理才能活下來。你有一套成熟的防禦機制：你可以指責或者逃避，可以幻想或者挑剔，可以有極強的忍耐力。

但是當你體驗到了被愛、被認可、被重視的幸福感，然後呢？這是暫時的，還是持久的？你該怎麼反應呢？這種感覺很美，你該怎麼留住呢？要還給對方同樣的好才能留住，可是還不起怎麼辦？要誇對方、表達感恩、表達幸福的體驗，這些你統統不會。如果不進行積極應對，萬一弄不好再沒了怎麼辦？萬一不小心失去了怎麼辦？得到了又失去的痛苦很大，還不如沒有得到過。

對很多人來說，痛苦的感覺是熟悉的，但處理起來得心應手；幸福的感覺是陌生的，卻不知道該怎麼去面對。一個是難受但安全的感覺，一個是愉悅但不熟悉的感覺，潛意識會選哪一個呢？當然是安全最重要，因為每個人最首要的任務就是活下來，然後才考慮愉不愉悅。

打破熟悉痛苦的循環

比陌生更可怕的是懲罰。

安全感不僅來自熟悉，另一層意思是對父母的忠誠。雖然父母曾經帶給我們很多糟糕的感覺，但這不影響一個人對父母忠誠，潛意識仍會讓我們無意識地重複這些感覺、製造同樣的情感體驗，好像父母仍然在我們身邊，維持一種「安全感」。

這個解釋可能讓你覺得有點難以理解——即便是這種自虐的方式，人為什麼還要對父母忠誠呢？這就是伊底帕斯情結（Oedipus Complex）：人可以在成就上無限制地超越父母，但如果內心的愉悅感也超越了父母，潛意識就會恐懼受到懲罰。

想像一下，你還是個孩子，還在依賴媽媽。如果在家裡，你的弟弟最重要，而你產生了「我比弟弟更重要」的愉悅感，這時候媽媽會怎麼對待你呢？

想像一下，你還是個孩子，還在依賴媽媽。如果媽媽一直在批評你、不認可你，覺得你很糟糕，而你產生了自我認同感，覺得自己非常棒，這時候媽媽會怎麼對待你呢？

毫無疑問，你可能會受到某種打擊或懲罰，這些經驗累積久了，人的潛意識會把這種懲罰保留下來，形成一個深刻的信念。即使你已經長大了，但這種恐懼的感覺依然存在，所以你不能輕易突破它去體驗更愉悅的感覺，而這個過程也叫做「習得性無助」。

「習得性無助」是美國心理學家馬丁．賽里格曼研究動物時提出的。他用狗做了一項實驗，起初把狗關在籠子裡，只要蜂鳴器一響，就給狗電擊，狗關在籠子裡無法逃脫，只能忍受。多次實驗後，蜂鳴器一響，在給予電擊之前，先把籠子的門打開，此時狗不但不逃跑，反而是不等電擊出現就先倒地，開始呻吟和顫抖。對狗來說，牠已經可以逃出去了，但是牠沒有，牠選擇了絕望等待痛苦的來臨。

你也一樣，雖然已經長大了，但你的潛意識不相信你是安全的，不會被懲罰，所以為了避免被懲罰，你的潛意識自動幫你選擇了相對安全但是不幸福的狀態。

那要怎麼打破這個無限循環呢？總不能讓自己一輩子像小狗一樣，躺在籠子裡等著被電擊吧。你要知道的是，其實你是值得幸福的。你需要慢慢去冒險，去嘗試、去感受，讓自己知道現在的你是安全的，現在的你雖然沒有足夠多的愛，但已經遠比過去多得多。

打破習得性無助循環的過程，就是冒險，總共可以分為兩個階段：

1. 走出舊關係

你要意識到，當下你這種糟糕、不被愛的感覺是你父母曾經帶給你的恐懼，那個屬於你的早年，那個時代已經過去了。你需要在內心告訴自己：「我長大了。」

曾經，你特別需要爸爸、媽媽的認同，特別需要他們的重視和愛，如果沒有他們的愛，你就活不下去，所以你不得不接受他們的要求、威脅、恐嚇、否定、指責。但是現在不一樣，你長大了，你有能力照顧自己了。你可以決定，跟小時候的原生家庭告別。

2. 走入新關係

你可以意識到當下的關係和小時候的不同，從現在所有的關係中重新去體驗被愛。雖然你也會有不被愛的時候，但現在你獲得的愛比以前更多了。在新的關係裡，你的自主權更大了，選擇權也更多了。

也許你現在依然跟父母有往來，他們依然會否定、指責你，但你已經不是小時候的你了。你完全有能力拒絕、抵抗、忽視父母的否定了。他們已經不再掌握著你的生存資源，已經對你無法構成威脅了。長大後，跟父母的關係、伴侶的關係，都是跟以前父母不一樣的新關係了。

如果你願意多做一步，那就是第三步——安撫對方的小時候創傷。對方會糟糕地對待你，也是因為他潛意識裡誘導你錯誤地對待他，讓他重複體驗他小時候的經驗。只要識別到這一點，你就可以不上當。

當你感覺到他在誘導你像他父母一樣打擊他，你可以選擇閉嘴或者認可他。當你感覺到他在誘導你像他父母一樣逃離他，你可以選擇留下或者表達你的在意，甚至你可以跟他討論你的衝動和他小時候的經歷有什麼關係，一起探索、一起成長。

思考不被愛的好處

轉化自己：

1. 對方做了什麼讓你不開心的事？
2. 對方這麼對待你，讓你感覺如何？其相反的感覺是什麼？
3. 這種不被愛的熟悉感覺，最早是從什麼時候開始的？
4. 每當有這種不被愛的感覺時，你是怎麼應對的？
5. 想像一下，如果現在擁有了相反的感覺，你需要付出什麼代價才能維持？

6. 從這個角度來看，擁有不被愛的感覺對你來說有什麼好處？
7. 如果你小時候體驗到的感覺變成相反的了，父母會因此怎麼對你？
8. 小時候，當你保持著不被愛的感覺，對你來說有什麼潛在好處？
9. 你感覺，現在你的環境，和小時候你的處境有什麼不同了？
10. 對此，你可以做什麼，讓自己更相信自己值得被愛？
11. 這個過程給你的感覺是什麼？

理解他人：

1. 他覺得，你做了什麼讓他不開心的事？
2. 你的動作、行為讓對方的感覺如何？
3. 你猜或據瞭解，他小時候有哪些同樣被父母這麼對待的熟悉經歷？
4. 你怎麼看待其實對方也在誘導你重複他的小時候經歷？
5. 你做什麼，可以幫他跳出循環，不再重複熟悉的體驗？
6. 這個過程給你的感覺是什麼？

07 移情：尋找強迫性重複的原因

為什麼我們總是想改變對方？

在一段關係中，我們經常會聽到其中一方對另一方的指責、抱怨和不滿。其實對伴侶不滿意是很常見的現象，甚至可以說是一個必然的現象。今天我們就來探討一下，這些抱怨背後究竟隱藏著什麼？我們又該如何處理因抱怨而產生的問題呢？

有位同學說：「我真的很討厭我老公，他總是充滿負能量，非常愛抱怨，整天都不開心的樣子。家裡又沒死人，為什麼總是愁眉苦臉的呢？」

這個同學的論述其實很有意思。首先，「負能量」、「愛抱怨」等都是標籤，其次「特別、整體、總是」這類的詞明顯帶有泛化的成分，是不符合客觀事實的。一個人怎麼可能「整天」不開心，「總是」充滿負能量？顯然這不符合馬克思主義實事求是的精神。

然而，這位同學只有透過這樣的泛化，才能真切地感受到自己的委屈。在委屈裡，他就可以做一件非常理所當然的事情了——憤怒。是的，這他對伴侶的抱怨、愁眉苦臉非常不滿，想對他發火，想跟他講道理，想矯正他的行為，想讓他按照自己「不抱怨」的方式來活。他的內在有一種強烈的憤怒和強烈的矯正欲，其實是他對父母的感受移情。

「移情」就是把童年時期無法表達的情緒，轉移到當下人際關係中的一種心理現象。這個同學說：「在我印象中，爸爸總是皺著眉頭，好像有很多讓他煩惱的事情。那時候我總想做點什麼來減輕他的壓力，希望他能開心起來。他經常跟我媽媽抱怨，我媽媽也總是嫌棄他，一副別人欠了他錢的樣子。」

可以想像，對他來說，他在這個家裡有多不開心。當父母被自己的煩惱占據時，往往是無法關注孩子感受的，這就讓孩子內心體驗到了自己不被關注、不被重視的感覺。這時候，孩子為了得到父母的愛，為了自己的生存安全，不得不迎合父母，照顧父母的情緒。

你可以想像，他曾經花了多大的力氣試圖讓父母開心，效果卻是微乎其微。這時候，他的內心自然會對父母有憤怒：「你們有完沒完？怎麼總是開心不起來？怎麼這麼難哄？連三歲小孩都沒你們難哄！」當他長大以後，他的伴侶做了和當年父母幾乎一樣的事——總是沉浸在自己的不開心裡，忽視自己，這時候轉移自己的情緒就順理成章多了。

因此，強迫性重複的另一個好處，就是可以發洩早年積壓的情緒。

為什麼我們總是挑剔最親近的人？

每個人的童年，都曾經遭受父母不當的對待。

有些人是被父母忽視，有些人是被否定，有些人是被過度控制，甚至被拋棄。更糟糕的是，有些人可能同時經歷了這些對待。沒有人喜歡也沒有人願意被如此對待，這時候孩子對父母就會產生許多憤怒。但既然憤怒的對象是自己的父母，為什麼不能直接對父母表達，反而要將憤怒的情緒轉向伴侶呢？

對有的家庭來說，憤怒是不被允許的，甚至連談論相關話題也不行。要判斷一個家庭是否健康，其中一個標準便是家庭成員之間是否能夠自由地表達憤怒。

一個健康的家庭，是你對某個成員感到不滿時，可以直接向對方表達，而不必擔心被責備或感到內疚。你的憤怒會被傾聽、被接納，而不是被禁止表達情緒。

但其實在大部分的家庭裡，憤怒都是單向的，父母可以自由向孩子表達憤怒，但孩子卻難以向父母自由地表達。在很多家庭中，孩子向父母表達憤怒時，會遭到父母制止，父母會覺得你怎麼這麼無理取鬧、這麼不孝順、這麼過分，會覺得你這樣做是錯的，從而對你的憤怒產生評判。

另一個無法向父母自由表達憤怒的原因是內疚，就是覺得爸爸、媽媽對自己滿好的，照顧自己也滿不容易的，自己不應該對他們有過多意見。父母已經盡力了，自己還是不滿意的話，那自己就像是一個自私的罪人。這種自責、內疚的感覺，讓他們即使對父母表達了憤怒也無法安心，可是憤怒不會因為不合理就消失了，它只會被壓抑，而壓抑也不代表這個情緒會消失，那怎麼辦呢？

潛意識會找到一個解決辦法——尋找一個與父母相似的人，重新創造早年不被愛的感覺，然後將憤怒發洩在他身上，代替那時你沒有對父母發洩過的那些憤怒，這樣做既過癮（釋放早年的憤怒），又不會真正危及自身的情感安全。

對這位同學來說，他應該要找誰呢？那就看誰經常愁眉苦臉、誰愛抱怨、誰又沉浸在自己的世界裡忽視自己了。在淺意識裡，有這些特點的人就是像他父母一樣的人，而把自己的憤怒發洩到這樣的人身上，就是在發洩自己壓抑、塵封已久的憤怒與委屈。

如果找不到相似的人該怎麼辦？也沒有很困難，那就貼標籤。即使對方沒有這些特點，也可以透過自我解讀、自我理解的方式讓他「變得相似」，即使對方是真心愛你的，你也可以理解為他不愛你。

父母每一次不適當的對待，都會在孩子內心深處留下「恨」的印記，而這股情緒會讓人渴望有一天能夠表達出來，而親密關係就是這場戰役的最佳舞臺。有時候，我們內心深處相信對方是「足夠安全」的，所以會忍不住把內心壓抑多年的憤怒傾倒在對方身上，這也是為什麼我們對伴侶往往比對陌生人更苛刻，因為伴侶成了我們情緒發洩的載體。

打破情緒重複的健康方式

有一種健康的做法，就是覺察到情緒的重複模式，並試著停下來。你可以試著與伴侶談論你的創傷，讓對方理解你的內在經歷。你可以這樣表達：

1. 伴侶做了哪些和父母一樣的行為：你可以說明自己之所以這麼敏感，是因為過去曾經頻繁遭遇這樣的對待，就像是曾經被蛇咬過的人怕井繩一樣，這不是你能控制的，這是你身體裡的記憶，需要伴侶的理解。

2. 你曾經對這些事累積憤怒：理性上，你知道父母不容易也盡力了，但作為孩子的你依然受到了很多傷害，而這些憤怒與委屈需要被看見與接納。

3. 這份憤怒背後是你對愛的渴望與遺憾：作為孩子的你，當時其實是渴望被好好愛護的，因此你有很多遺憾。這種遺憾每個人都有，當然對方也有，所以你也可以去談論他的創傷、他的小時候、他的遺憾。或許對方無法接受談論對父母的憤怒，但他可能願意談談成長中的遺憾與不滿足。

童年無法時光倒流，遺憾也無法彌補，但是遺憾是需要表達的，表達的目的不是為了改正，而是為了療癒過去的創傷。還有一種可能是，你的伴侶可能不是一個能夠耐心聆聽你內心創傷的人，甚至有可能無法接受也無法理解。這時候，你可以去找另外一個能夠傾聽的人整理自己的情緒。

僅僅是訴說，就可以讓情緒流動。當情緒得以流動，你就比較不會再遇到經歷相似的情境，重複過去未能解決的傷痛，這樣你才能真正地走出過去。

思考如何區分早年的移情

轉化自己：

1. 對方做了什麼讓你不開心的事？
2. 這讓你感覺到自己被如何對待？
3. 這種被糟糕對待的感覺，和你早年的父母有哪些相似的地方？
4. 如果你向父母表達這些地方的不滿和需要，父母會怎麼應對？
5. 有哪些因素在阻止你表達對他們的不滿和需要？
6. 你有哪些合理的理由把不滿和需要表達給和父母很相似的對方？

7. 現在，你覺得對方其實和早年的父母有哪些不同？
8. 你可以怎麼跟對方表達你曾經的創傷、對父母的憤怒與遺憾，讓他理解你？
9. 除了對方之外，你覺得還可以找到誰願意傾聽？
10. 你覺得表達多了以後，你怎麼看待和對待此刻對方做的事？
11. 這個過程給你的感覺是什麼？

理解他人：

1. 他覺得，你做了什麼讓他不開心的事？
2. 你覺得，你的動作會讓對方感覺到什麼樣的對待？
3. 你猜或據瞭解，他小時候有哪些被父母這麼對待的經歷？
4. 你可以怎麼去談論和好奇對方小時候的經歷？
5. 你覺得談論後，對方會有什麼感受和反應？
6. 這個過程給你的感覺是什麼？

08 療癒：好的婚姻治癒童年，壞的婚姻重演童年

為什麼被愛會感到恐懼？

發洩情緒並不是唯一的目的，發洩的目的是「渴望療癒」。我們重複體驗某些熟悉的情緒模式，其實是渴望透過伴侶來修正早年那些被錯誤對待的經驗。因為我們只有被正確對待才能真正地被療癒、才能長大。

有一個同學說，他很想談戀愛，他有喜歡的男生，男生對他也很熱情。按常理來說，你喜歡的男生恰好對你特別熱情，這是很幸運的一件事。然而這個來訪者覺得很恐懼，他不知道該怎麼跟男生建立關係，不知道該怎麼回應這個男生的熱情，所以他就會無意識地停止繼續加深感情與關係，選擇不回應。

這個男生原本滿懷熱情地對待喜歡的女生，但因為女生沒有回應，他開始懷疑自己：

「是不是他不喜歡我？」久而久之，他的熱情便漸漸冷卻了，而這個女生又再度體驗到自己「熟悉」且「想體驗」的感受——果然，沒有人會一直喜歡我。這就是他透過「勾引」而形成的強迫性重複行為：「我不值得一直被愛著。」並重複了「被拋棄」的體驗。

我問這個女生：「你在害怕什麼呢？」他說：「我怕我太熱情回應他，他會覺得我這個人過於主動，覺得這個女生怎麼這麼沒有矜持啊，怕他就不喜歡我了。我怕我回應得太多，讓他發現其實我是一個很無聊的人，不像他想的那麼好，我怕他發現了我不夠好，就不會繼續喜歡我了。」

這個男生的熱情啟動了他內心想要靠近的渴望——因為他一直渴望有人對他好，可是當他真的嘗試去依賴、去接受這份好的時候，他內心的恐懼也被喚起——每當他試圖依賴對方時，就會被嫌棄，繼而被拋棄。

在他的潛意識裡，沒有任何一份「好」是穩定的，他相信自己表現得不夠好，所以會輕易失去這份好、這份愛。這個女生不確定自己是不是會被嫌棄、被拋棄，所以不敢輕易回應。那一刻，他渴望不被嫌棄、不被拋棄，會一直被愛著，卻又害怕這份愛會消失，當他刻意推開男生，就是在告訴男孩：「我不確定你會不會一直喜歡我，我很害怕。」

如果這時候，這個男生能夠察覺、識別到他的恐懼，並告訴他：「我接納你，無論你是什麼樣子，我都喜歡你，不會嫌棄你，不會拋棄你。」或者告訴他：「你很好，你不無聊。不是非要高談闊論才是有趣，也不是非要會講笑話才是有趣，你笑起來的樣子就很有趣；你對生活的認真態度就很有趣。你的主動並不是不矜持，那是你活潑的一面；你的被動也不是因為你冷漠，那是你文靜的一面。」

這時候，這個女生的創傷就開始被治癒了，透過男生的眼睛，他可以發現自己是好的，並不會被嫌棄，從而也就不擔心自己會被拋棄了。可惜的是，大多數時候，伴侶並不知道女孩子的這些需求，更不知道該如何正確對待，於是許多誤解與錯過就這樣發生了。

被正確對待，才能真正學會愛與被愛

一個人療癒內在創傷最好的方式，就是在關係中重新被正確地對待，這也是婚姻的意義之一——幫助對方修復早年的創傷。當然，前提是健康的親密關係。如果關係不健康，那麼創傷只會被重複，再次加劇早年的傷害。

婚姻就是這樣的雙刃劍，好的婚姻治療童年，壞的婚姻重複童年，而要修復，首先就得重複。你要治療一個傷口，首先得打開這個傷口，強迫性重複就是讓人再次體驗到糟糕的感覺，若能被伴侶正確對待，便有有了療癒的可能。

所以，當你在親密關係中受傷的時候，你要知道，這代表你的內在傷口被打開了。你會開始信任對方，並對他產生期待，希望他能「接住」你的情緒，做出與當年的父母不同回應。在你的幻想中，如果有人做出和父母不同的選擇，那麼你就被療癒了。問題是，你又不敢相信這真的會發生，你就會無意識地「勾引」對方做一樣的事。

要療癒這種創傷，伴侶的自我需要非常強大，必須跳出這個被你「勾引」的圈套才能療癒你。這樣的人當然存在，而且有很多，只是如果你沒有突出的外貌、強大的「鈔」能力，或其他顯著的優勢，那麼你可能吸引不到這類足夠穩定、成熟的伴侶。

有一個同學說：「成年後，我發誓絕不找會打女性、罵女性、不尊重女性的男性作為伴侶，我的確也找了一個大家都認為脾氣很好的人結婚。但我發現，我無意識地會在生活中找一些問題，作為理由和我先生爭執。那種感覺非常微妙，我好像一直在測試他，證明即便自己用最極端的方式激怒他，他也不會對我動一根手指，只有這樣一次次地證明，我才能放心。」

「當時的我毫無覺察，現在回想起來，當時我的內心衝突是：『一方面我要激怒你，看你會不會還嘴對我動手；另一方面好像又希望他還嘴、動手，這樣就證明了我的幻想沒錯，女性是會被男性傷害的。』人內心的衝突很奇怪，幸虧我先生很包容，他承受住了這些考驗。經過這麼多年的個人成長，看到了在關係中那些表像之下的真相，才真正地走進關係中，走進對方的世界。」

讀了這段回饋，讓我很感動。這位同學的伴侶在他無數次的「勾引」中，都正確對待了他，始終告訴他他是值得被愛的，那這個同學的早年就被療癒了。

讓伴侶成為支持你的人

先說，我當然不是要潑冷水。你可能很難遇到像理想父母一樣的伴侶，但你可以成為自己的理想父母，你可以學會愛自己，你也可以邀請別人學習如何愛你。

首先，冤有頭，債有主。你對父母的憤怒應該要回到父母那裡去處理，而不是讓伴侶來承受。當然，這很難辦到，因為大多數父母不願意跟你談論他們當年的錯誤，也不願意與你討論這些過去的傷害。

但你要清楚，你對伴侶的敏感憤怒，並不是因為伴侶真的做錯了什麼，而是你內在有一個發洩憤怒的需求，而他恰巧做了與父母相似的事情，於是成了你的情緒出口。因此，你要學會區分過去與當下，而不是遷怒伴侶。

能夠遇到一個理解你、包容你、接納你、撫平你創傷的伴侶當然是一種幸運，但這樣的人可遇不可求，更多時候，我們需要靠自己去創造這樣的關係。那怎樣才能讓伴侶成為療癒我們創傷的人，而不是加重我們創傷的人呢？

最好的方式是一致性表達——你必須告訴對方你怎麼了，你需要被怎麼對待，而不是讓對方無意間被捲入你的情緒模式，再一次錯誤地對待你。你可以把你的委屈、創傷告訴伴侶，邀請他理解你、照顧你，並告訴他這不是他的錯，也跟他說聲謝謝。

前面提到這位想談戀愛的女生，他的不回應並沒有被男生識別為「因為害怕靠近會被發現不好，會被嫌棄、被拋棄」，男生只能根據自己的經驗來解讀，會貼上「我不值得被愛」的標籤，讓男生產生了「即使我這麼熱情，也不配得到一點回應」的無助感，而坦誠就可以解決這個問題。

這個女生可以跟男生坦白：「我很想回應你，但是我不敢。我怕你覺得我太主動，我不矜持；我怕你發現我太無聊，不會說話；我怕你會嫌棄我，怕你離開我。與其那樣，我還不如一開始就不要靠近最安全。」

這時候，如果他真的是喜歡這個女生，男生就會有動力去解決這個問題。當然這麼做也是有風險的，男生可能真的不喜歡這樣的他，但其實這也是一件好事，因為與其被對方喜歡上虛假的自我，不如在展示真實自我之後被放棄，這樣起碼你是真實的。

在生活中，當你去表達真實的自己，你可能在這段關係裡被療癒。如果你很不幸地找不到那個願意療癒你的人，或者是當你表達了真實的自我後，對方不願意去正確對待你、療癒你，你也可以安撫你自己。

你可以問問自己：「當年你在那樣的環境下長大，受了很多委屈。那你可以怎麼心疼自己呢？」其實，沒有人為你做的這些事情，你也可以為自己做到。

可能有人會問：「假如在婚姻中，我是那個承擔憤怒的角色呢？這對我有多不公平啊。」是啊，婚姻就是這樣，沒有公平可言，你也可以選擇不去覺察。如果你沒有去覺察，你就可以不用承擔，你可以肆意擺爛，糟蹋關係。

有一個同學說：「我老公有時候會跟我說，他在工作上很忙、很累。我就會跟他說：『你不要跟我說這些，你要是倒下了，我要怎麼辦？你得趕快努力跟上啊，家裡還需要你來賺錢呢。』」

那一刻，我不知道該心疼這個老公還是該心疼同學。當一個人在表達疲累的時候，是希望被安慰的，但他老婆想到的是你不趕緊賺錢我該怎麼辦，而心疼同學的是「這個老公很快會繼續努力上進、拚命賺錢了，但賺到錢之後，未必會再是你老公了」。

但如果想維持關係，就要在伴侶表達脆弱的時候做些不一樣的事。比如說，他對你生氣了，那你可以想一想，其實他的憤怒有很大一部分是把對他爸媽的憤怒轉移到了你的身上，是因為他有情緒需要發洩，你只是他的發洩出口而已，和你做了什麼沒關係，和你好不好更沒有關係。由此你會知道，他早年過得很壓抑、痛苦，且積壓了許多情緒，所以現在才急需一個出口來表達。

當你能夠意識到這點時，你就知道，他的情緒、言語與你無關，你依然是你自己。那一刻，如果你有能力看到他的需要也願意安慰他，就去為他做點什麼。

思考如何療癒對方

轉化自己：

1. 對方對你做了什麼讓你不開心的事？
2. 對此，你是怎麼應對的？
3. 其實是你有什麼擔心和害怕，才讓你如此應對？
4. 其實你是希望他怎麼對你，會讓你感覺到被療癒？
5. 你可以怎麼跟他表達你想被療癒的渴望？
6. 你覺得這樣表達之後，對方的反應會有何不一樣？
7. 其實你也可以做什麼來照顧自己的這個需要？
8. 這個過程給你的感覺是什麼？

理解他人：

1. 對方這麼做，其實是渴望你怎麼對待他？
2. 對方有這種渴望，其實是因為他有什麼擔心和害怕？
3. 你的能力範圍內，可以做什麼正確對待他？
4. 如果你正確對待他，會療癒他的什麼創傷？
5. 如果你這麼做了，對方會有什麼感受和反應？
6. 這對你來說，你是否願意這麼做，為什麼？
7. 這個過程給你的感覺是什麼？

Lesson 06
被愛，並不是非他不可

01 怎麼樣才算對的人

如何建立一段健康的親密關係

我們經常聽到「和誰結婚都一樣」這樣的心靈雞湯，其理由包括：「烏鴉到哪都還是烏鴉」，這是一個極端的定論。凡是極端，都是值得我們懷疑的。

你嫁給萬達集團創辦人王健林、嫁給富二代王思聰和嫁給我肯定是不一樣的；娶一個二十歲的女孩和娶一個七十歲的年長女性也不一樣。說一樣的人，一定是眼睛瞎掉或者腦子壞掉了。

如果你想建立一段健康的親密關係，最直觀的反應是「選對人」——跟對的人在一起是很重要的。人跟人的確是不同的，跟不同的人在一起就會有不同的體驗，所以我們要選一個適合我們的人，即使選不到最適合的，也要選個相對適合的。

其實，這跟選工作一樣，別相信「幹一行、愛一行」或「只要肯努力，在哪都一樣」的鬼話。怎麼可能都一樣呢？在朝陽產業裡工作和在夕陽產業裡工作，結果是一樣的嗎？所謂女怕嫁錯郎，男怕選錯行，選擇一個適合的人相處和選擇一個適合的行業一樣重要。

那麼，怎麼樣才算適合呢？怎麼才是對的人呢？

有人選「人品」，覺得人品可靠最重要；有人選「條件」，覺得條件是最實在的；有人選「對我好」，這些都可以，但如果只靠其中一個標準來選擇，未免有些單薄。

一段好的關係並不是完美的，也不是在某個方面（數值）特別突出的，但它一定是綜合指數最高的。前面我們談過，愛情的三要素是「親密、激情、承諾」，一個好的伴侶，一定是能在這三個方面給你綜合最大值的人。

找到有激情愛的人

我們需要選擇一個能讓自己崇拜、欣賞、優秀的人，一個讓我們的生活充滿活力的人，這就是激情愛。比如，外在條件是有錢的、身材好的、長得好看的、學歷高的、工作出色的；或者內在特質是博學的、睿智的、開朗的、幽默的、聰明的、有才華的，這些外在、內在的優秀特質能讓人感受到幸福感。此外，優秀的伴侶還可以在社交場合中提升你的自信感、優越感，更有談資，在親密朋友的面前更有滿足感，或自己看起來也賞心悅目。

也許這些條件聽起來很「俗」，但如果這些能帶給你愉悅感、滿足感，你就要重視自己的感受，而非一味追求「對我好」或一味追求清高。透過選擇一個優秀的伴侶，我們也可以感受到自己的人生是優秀的。成功的人生是什麼，不就是擁有了好工作和好伴侶嗎？所以這時候，最起碼你已經擁有了成功人生的二分之一。

優秀的伴侶還有一個重要功能，就是可以讓你在對感情失望的時候，找到一些慰藉和補償，讓你不會過於輕易放棄這段關係。

激情是親密關係中很重要的一個部分，也是人生很重要且需要反復體驗的一種感覺。試想，如果你們之間失去了欣賞、崇拜和激情，生活將會陷入怎樣的沉寂和平淡呢？

找到有夥伴愛的人

我們需要借助婚姻來獲得心靈上的安慰，給我們溫暖、給我們關懷與給我們陪伴，這時你體驗到的就是夥伴愛。我們需要找到一個人，當我們感到無助的時候，他可以支持我；所有人都反對我的時候，他可以跳出來支持我，這時候我們可以體驗到親密感。

這意味著，你需要找一個有傾聽能力、共情能力、理解能力且情緒穩定的人，這樣在你們有分歧的時候，他可以走出他的世界看見你，並有滋養你的能力。當然，你自己也需要具備這些能力，你們才能共同給予彼此的親密感。畢竟，只有一個人主動靠近另外一個人，馬上就會耗竭情感而難以繼續。此外，對方的價值觀也需要認同伴侶或家庭比工作、朋友更重要，這表示他願意為處理關係騰出足夠的時間和精力。

「親密愛」是人感到踏實和安全的基石，是人內在的避風港。反之，如果你找了一個冷漠、情商低、自私的人，你也會感到難受。他不但不能照顧你，你還得天天照顧他，他動不動就刺激你、對你冷漠，能把你氣個半死。

找到有承諾愛的人

責任就是承諾，我們需要找一個能執行承諾的人。

的確，每個人對責任感和規則感的態度是不一樣的。渣男的邏輯就是「出軌只是犯了天下人都會犯的錯誤」，這種人的責任感很弱，所以跟他在一起，你會充滿了不安。

責任感、道德感比較強的人就會讓你充滿了安全感，但是那種責任感、道德感過強的人也會給你古板、刻板、死板的印象，這也未必是最理想的選擇。不是說找一個言出必行的人，這樣的人規則至上，就會忽略了人的感受，但也不是找一個感受至上的人，這種人雖然瀟灑，但失去了穩定性，會讓你的生活變得很被動。如果找個規則意識太弱的人，他時不時給你戴紅帽子、綠帽子、粉帽子，就像是戴了一道彩虹在頭上一樣，也會讓你難以忍受。

所以，找一個擁有適度承諾能力的人很重要，這代表了一部分穩定性。

如何選擇適合的人？

激情愛、夥伴愛、承諾愛就是我們婚姻選擇伴侶的標準。我們要找一個在這三個方面綜合得分比較高、能夠帶給我們全面幸福感的人，這就是適合的人。

選擇一個適合的人是很重要的，但是有些人因為過於追求絕對適合，反而無法做出選擇。借用蘇格拉底的一句話：「你先到麥田裡，為我挑一根最大的麥穗，但有一個條件：你只能向前走，不能回頭，並且只能挑一次。」挑著挑著就挑到眼花撩亂了。

你會發現，你永遠找不到最大的麥穗，所以你會覺得結婚很困難。有的人雖然已經結婚了，但是他也會時不時去想，如果換一個更好一點的，會不會更好呢？但是他也不確定換一個是不是更好，那種感覺就是放棄了這根麥穗，但不知道下一個麥穗到底是更大，還是更小呢？

這個很難抉擇，畢竟我們不是韋小寶，做不到每次都賭對，也做不到有很多個伴侶。我們可以肯定的是，如果你想找一個絕對適合的人，那註定會讓你痛苦。即使你想找所有備選對象中最好的那個也不現實，畢竟這些備選人不是同時出現的，而是相繼出現在你的生命中，當你發現上一個更好的時候，就已經錯過了。

要破除這個痛苦，單純靠幻想找到一個適合的人是不夠的。我們還需要破除一些奇怪的信念，比如說「一輩子只能找一個」；「一次就找到最適合的那個」；「只有白頭偕老才是好的關係」。其實，一輩子只談一次感情很好，一輩子談兩次也不錯，一輩子談兩百次也未嘗不是一種很棒的體驗。

我的老師曾經講過：「愛情就像路邊的電線杆，停下來的時候就是最後一個。你再往前走，還有下一個。」當你覺得人生隨時都可以選，每個階段都可以選擇的時候，選擇就會變得簡單許多。下一個就像是在開盲盒，你不知道開到更好還是更差的結果。你可以沒有打開的勇氣，但你要知道你有這個自由和權利。

如果你還是覺得很難選，這也沒關係。因為在你的親密關係中，選一個對的人只占了百分之三十，你還需要從另外的百分之七十去思考如何獲得幸福的體驗。

02 把錯的人變成對的人

孩子需求的愛VS.成人選擇的愛

找到「對的人」除了依靠選擇，更需要我們主動去創造。這意味著我們身為成年人，需要開始發揮主動性，而不只是被動等待。在前面章節中提到，愛是可以發現和創造的。人是互動的結果，當對方感受到成為你期待的樣子、給你更多愛的時候，他自己也會獲得愉悅感，這樣一來，他自然會願意為你付出更多的愛。

小孩子得到愛的方式是「你應該愛我」，「你必須愛我」，「你欠我的」，而成年人得到愛的方式是會去思考：「我可以怎樣得到愛？」「我做什麼可以得到對方的愛？」「我應該怎麼經營才能得到對方的愛？」

小孩子內在的邏輯是「因為看見，所以相信」，成年人的內在邏輯則是「因為相信，所以看見」，這就是小孩子和成年人的不同。

如果你總是用小孩子的方式去期待愛情，把「愛」視為理所當然，你會容易沉浸在自我中心裡，那會有很大的機率什麼都得不到。如果你能重新思考：「他為什麼沒有給我？我做什麼會讓他願意給我？」那麼相對的你就可以得到多一點的愛。

當你需要被認可時，你有兩個方式。第一個是被動期待，你覺得他應該認可你，不應該否認你；第二個是主動創造，跟他撒嬌說：「你稱讚我一下啊」或者換別的策略：「你稱讚我一次我就給你五百元」。如果是第二種方式，得到愛與認可的機率就會大大提高。

成年人得到愛的核心就是兩個字——主動，即你需要主動做點什麼。

有些人可能會疑惑：「這樣得來的愛不就很假嗎？」對方主動給的才是真的，自己主動要求就是假的嗎？真假需要靠主動、被動來判斷嗎？這種想法其實是投射了自己的心態，認為自己要來的不是出於真心，是對方勉強才給的。我想說的是，對方自願給，那是愛；對方不願意卻為了你而勉強自己，那也是愛。

還有的人覺得：「愛一個人，他就應該主動、敏銳地發現我想要什麼，並且積極地滿足我」，這還是一種小孩子得到愛的方式。也有人會說：「主動要來的愛，會讓人感覺到姿態較低，這很不舒服」。那是當然的，當你真的需要一個人的時候，你的姿態自然就會比較低。不是因為你主動所以變低姿態，而是因為你需要對方，你本來就在低姿態。

愛的三種滿足形式

創造一個對的人，最好的方法就是主動表達你的需要，讓對方知道你真正想要什麼。對方沒有給你愛，並不是因為他不愛你，而是因為他根本不知道你需要的是什麼。

愛分為三種：

1. 自動發現你的需求，並且積極地滿足了你。
2. 對方在被告知了你的需求後，並且高興地滿足了你。
3. 對方被告知了你的需求，並且無奈地滿足了你。

第一種當然最美好，這幾乎是完美伴侶的標配，但這更像是「完美的母親」。遺憾的是，誰願意花那麼大的精力天天盯著你，並研究你想要什麼呢？只有當你出生的時候，你的母親很歡迎你到來，並在時間充裕、有一定程度的智商與情商，且人格有一定的成熟度，才能研究出你的需要並滿足你。

又或者，你長大後，你位居高位，有很多人際關係高手想來討好你，就會花時間來研究你的需要。除此之外，對方為什麼要花那麼大時間來研究你的需要呢？

如果無法獲得第一種方式的愛，那麼第二、三種就不是愛了嗎？這樣的愛就得被完全否定嗎？就不需要在「被愛」這件事承擔自己的責任了嗎？

我認為第二、三種也是愛，因為還有一種「不愛」的情況：對方明確知道你的需求，但就是不願意滿足你，只有在這種情況下，你才能下一個「他真的不愛我」的結論。

有些人可能會質疑：「對方沒有拒絕我，是不是因為他沒有拒絕的能力？如果他選擇滿足我，可能只是想得到認可，證明自己足夠好，並不一定是出於愛我而這麼做的？」這樣的想法就是第三種情況——對方雖然無奈，但還是選擇滿足你。

你需要明白：愛並不是單純、純粹的東西，愛不一定是完全立他、無私的，也有可能同時利己也利他。如果你要求得到一個不利他只利你的愛——對方應該毫無保留地只為我付出，不求回報——這是一種偏執的想法，你註定會失望。

試圖榨乾對方的愛，就是在消耗自己。

無條件的滿足並不存在

創造對的人的方式還有兩種：

1. 降低被愛的標準

如果你覺得，你跟對方索取十次，他應該每次都要滿足你這才是愛的話，那麼這個標準就太高了，會讓關係變得壓力很大。你可以換個標準，如果你需要十次，而對方有三次願意滿足你，這已經是真愛了。

健康的愛情狀態不是「每次都愛」，而是「有時候愛，有時候不愛」。

2. 正回饋

當對方滿足你的需求，而你願意欣賞、感激、認可他滿足你的部分（付出），他就會感受到自己的付出是有價值的，他就會更願意持續付出。如果他的努力總是被忽視，最終他可能會失去動力，而不再願意付出了，因為他發現他做八十分和做二十分的結果都是一樣的，那麼誰還會願意做到八十分呢？

採用表達需要、降低愛的標準、正回饋等方式來創造一個「對的人」是一種健康且長久的方法，但這些方法的缺點就是難度太高。這些方法需要一定的情緒穩定度與成熟度才能持續執行。有時候，我們可能在情緒裡，很難做到這些，那該怎麼辦呢？是否只能放棄改變對方了？

當然不是。在Lesson1就已經介紹過更簡單的方法，改變一個人，滿足你被愛需要的正確方法是改變對方的心，除此之外還要可以改變他的行為，依然可以讓你體驗到被愛。

好的關係，就是你透過恰當的策略，讓對方願意多愛你一點；透過你做了什麼，讓對方在某種程度上願意改變態度，願意給你更多關心、更多愛，這種你做了什麼而影響對方改變的行為就叫「把錯的人變成對的人」，也稱為「經營婚姻」。

經營婚姻不是去盲目地付出以換來對方的付出，而是清楚知道自己要什麼，並找到讓對方願意回應的方法，這就是成年人的愛情。

雖然我們可以透過行為改變他人，但你能做的改變是有限的——你要避免陷入自戀。你可以力所能及地去影響、去引導，但你不可能完全改變一個人。策略也是有限的，有時候無論你怎麼努力，你都得不到滿足，因為人本來就是有限的。當你的需求超過了對方的實際付出，無論你多努力，都得不到滿足。

比如說，對方就是一個不太會說話、難以表達讚美的人，你可以誘導、引導，甚至直接要求他誇獎你，他最多可能說出：「還行吧。」這種話對他來說，就已經是給你莫大的認可了。

當你要求待一個人「理解你」的時候，即便你用了恰當的策略，得到的最好結果可能只是對方不再指指點點你，而是選擇了閉嘴，這時候就是他能給你他最好的理解了。畢竟對他來說，要理解另一個來自不同背景、擁有不同經驗的人，你的情緒、你的需求對他而言就像外語一樣陌生。

如果對方沒有「精通這門外語」的能力，那麼期待他能真正理解你，就像期待一個沒學過某個外語的人一樣，要突然能夠流暢地與你對話幾乎是不可能的。

我們要接受一個現實：任何人能滿足你的程度都是有限的。畢竟他不是你的父母，就算是你的父母也無法無條件地滿足你，更何況是你的伴侶呢？

幸福還有40%取決於自己

有人會問：「那我怎麼知道，對方是不願意滿足我，還是他沒有努力，或真的沒有這個能力？」

只要你改變的方式對了，且對方是願意的，對方會表現出積極配合的態度，所以你可以從態度來判斷他到底願不願意。一個人在積極地滿足你的時候，你能感覺到他是很努力的，當一個人消極抵抗的時候，你也能感覺到他就是不願意。

即使你已經用對策略，對方還是無法變成你期待的樣子，這也沒關係。

在一段關係中，選擇一個對的人，在你的婚姻幸福中占百分之三十，而創造一個好的伴侶，也在你的婚姻幸福中占百分之三十，加起來剛好及格。除此之外，你還有百分之四十的空間，需要你在其他方面努力。換句話說，你不需要把所有希望寄託在對方身上，也不需要執著於讓對方「剛好符合」你的理想，你還可以透過其他方式，去提升自己在關係中的幸福感。

03 學會對人滿意的能力

前面我們講過，婚姻中並不是找誰都一樣的。但從另一個角度來說，無論你選擇誰，有些部分始終不會改變，而那部分就是「失望」。無論跟誰在一起，都會經歷失望，這兩個字也是親密關係的另外一個本質——幸福和失望，兩個加起來才是婚姻。

戀愛的時候，你需要仔細挑選適合自己的人，一旦進入婚姻，你要知道，比起「適合」更重要的是「適應」。婚姻幸福的祕訣有三個：

1. 百分之三十取決於對方是否是對的人、是否適合你。
2. 百分之三十取決於你是否有恰當的策略去改變對方，讓伴侶成為你期待的樣子。
3. 百分之四十——也是更重要的部分——取決於你是否能夠承受你的失望，是否能夠讓失望與婚姻共存。

失望是什麼？失望就是無論你選擇誰，你總能發現這個人不夠好的地方。

親密關係中的失望

你要承受的第一個失望是喪失激情。

你會發現，他其實有許多缺點，可能能力不如別人，或者他自制力不如別人，他乾淨程度不如別人等。他不僅僅表現得不好，還會對你不滿意，覺得你不夠好，覺得你變老、變醜了，認為你沒什麼本事，做什麼都不行，第一擅長的就是抱怨，第二擅長的就是比較，第三擅長的就是吹牛。

當激情在親密關係中逐漸消失時，人就會用這三種方式來替自己製造激情：抱怨，他覺得你不行；比較，他覺得別人都比你好；吹牛，他覺得自己很棒。

你要承受的第二個失望是親密關係的冷淡。

他有時候表現得冷漠、自私，很不負責任，輕微的情況是你生病的時候他不在身邊，嚴重的情況則是你生小孩的時候他沒有在場。有時候，你期待他記住某個對你來說很重要的日子，但他就是忘記了。你昨天提醒過他，他今天還是忘了；你今天再提醒一次，他還是記不得。

有時候，你試圖向他展露自己的脆弱與難過時，你會發現他不僅無法理解，還可能覺得你煩，認為你嘮叨。更糟的是，他甚至會戳你痛處，告訴你這沒什麼大不了的，覺得你太矯情，指責你不應該這麼做。

第三種失望來自落空的承諾。

他可能答應了要做某件事，卻沒有做到，比如說答應晚上回家吃飯，結果卻跑去和朋友喝酒。有時候，你希望他能主動承擔一些家庭責任，或者做些屬於男性或女性的角色義務，但很遺憾地他就是不同意，甚至會認為你太認真、太計較、太死板，覺得你的行為讓他感到疲憊，覺得你特別難搞，甚至無理取鬧。

更讓人無奈的是，他覺得你該承擔作為伴侶或父母應該承擔的許多義務，好讓他過得更輕鬆自在，這些都是親密關係中無可避免的失望。

產生失望的原因

為什麼會有產生這些失望呢？這些失望來自於兩個因素：對方的能力是有限的，而你的欲望是無限的。

第一點很好理解，關鍵在於第二點。你渴望被愛，但這種渴望有終點嗎？你可能以為只要對方再多做一點，你就會滿足了，但事實真的如此嗎？

當你露宿公園，你就想要有一頂帳篷；當你擁有帳篷，你就會想要一間房子；當你有了房子，你就會希望自己成為房主；當你成為房主，你又開始想要一棟別墅；當你有了別墅，你就渴望擁有一個佳人；當你擁有佳人，你就渴望擁有第二個佳人……即使你只有一個伴侶，你也會希望他變得更好；當伴侶已經足夠好了，你又會覺得人生如此美好，若是能長生不老該有多好。

人的欲望是無止境的，因為欲望受到多巴胺支配，而多巴胺的特性就是——我要更多。有人可能會說，偶爾失望一次沒關係，但如果對方經常讓你失望，那就無法接受了。然而，如果你本身沒有滿意的能力，那麼無論對方做了多少，你的體驗都不會有太大區別。你以為只要他再多做一點你就會滿足，正如露宿公園的人以為「要是有一個帳篷就好了」，但當他真的多做了一點，你很快就會想要更多。

如果你無法接受對方有一次對你不好的時刻，那麼這意味著你的潛意識裡想要的是絕對滿足。

你希望的是得到一百分的愛情，希望對方在每一件事情、所有時候，都能完全符合你的需求，給你你想要的愛。理智上，你或許覺得自己沒有這麼苛刻，但是當對方沒能滿足你時，你就會抗拒去接納；當他表現出不愛你的行為時，你會憤怒、受傷。這些反應的本質，就是你想要的其實是絕對的滿足，只是你自己沒有意識到而已，這種對「絕對滿足」的渴望，就註定了你的痛苦。

就像考試時，如果你的目標是一百分，那麼不管你考了六十分、八十分，還是九十八分，你的痛苦都是一樣的。只要你的願望（執著）是一百分，你就會不斷盯著那幾個做錯的題目，而不是你已經答對的部分。你總是盯著對方讓你失望的地方，正是因為你內心深處仍在追求一種完美的愛情。

中國作家史鐵生在失去雙腿後曾長期陷入痛苦，直到他有一天發現，那個長跑選手因為無法獲得第一的痛苦，並不比他無法奔跑的痛苦少。真正影響痛苦的，不是誰擁有健全的雙腿，而是對「理想自我」的執著。

一個人的痛苦不在於現實中發生了什麼，而在於現實與理想之間的差異。當他的理想越高，他體驗到的現實落差就越大，痛苦也就越深，這在親密關係中也是一樣的：你對伴侶的理想期待越高，你體驗到的失望就越大，痛苦也就越大。

愛情不是交換，無條件滿足是奢望

回到現實中，完美當然是不可能的。或許神可以做到，但你的伴侶只是一個普通人，他就是無法完全滿足你。他不可能時時刻刻圍著你轉，即使他願意，他的能力也有限，這就是你需要哀悼的地方，你需要承認——雖然你很難受，雖然你依然渴望，但他就是無法滿足你。

他和你一樣是獨立的個體、是平凡的人，即使他有能力，他也有自己的意願；即使你的需求再合理，他也有做出自己選擇的權利。一切不可能都圍繞著你運行。你越是執著於想要得到，內心就會越痛苦。

因為你越是想要，對方會感受到壓力，覺得自己被壓榨，於是他會選擇逃避或反抗的方式來保護自己。這時候，關係就會變成一場攻防戰——你越是進攻，對方越是防禦；你感到受傷，便進一步索取，而對方則更強烈地反彈。他把所有精力都消耗在如何對抗你，而不是如何關注你，你就更無法感受到被愛了。

所以說，你越是想要，就越是痛苦。畢竟，在關係裡，誰不想當個被呵護的寶寶呢？誰又真的願意無條件地圍著另一個人轉呢？這一點，你只能選擇接受。

有些人可能會說：「我是女生啊。」（這是在講道理）會說：「如果他為我這做些，我也願意為他付出啊。」（這是交換）或者說：「我很體諒他的，所以他應該也要體諒我。」（這還是交換）這些想法理論上應該有效，但實際上是無效的。

你只能接受，無論你如何努力，對方在很多時候就是無法滿足你。這聽起來很殘酷，但能夠一步步意識到自己的平凡，正是成長的開始。

培養滿意的能力

哀悼完之後，你需要培養一種讓自己幸福的能力——滿意的能力。

許多人認為自己的滿意程度取決於對方的表現，其實滿意是一種內在能力。面對失望的重要方式之一，就是發展這種能力，而最重要的一步就是放下資格感，也就是理所當然的期待感。要做到這一點，你需要明白：

首先，你的伴侶沒有義務無條件地滿足你。即使你們結婚了，這段關係是相互扶持的合作關係。許多人在建立親密關係後，會不自覺地賦予對方某種角色任務，彷彿自己擁有了對對方的話語權，試圖操控對方。事實上，你們只是平等的合作關係，只擁有彼此的建議權，而非決定權。

其次，伴侶也沒有能力完全滿足你。人是有限的，你必須自己承受某些缺憾。這些可能是你小時候帶來的一些創傷，比如小時候沒有被好好陪伴，長大後特別害怕孤獨；從未被認真地關注過，所以格外渴望親密。這些過去的創傷，不是任何一個人能夠補償的，無論你與誰在一起，都需要接受這樣的事實——有些需求，這輩子可能得不到滿足。

當你放下這些不可能的期待，回頭看看眼前的人，你會發現，他已經給了你很多。失望並不是一無是處的，它的積極功能在於，你只有不再對未來有過多貪念，才有機會回到當下，享受當下的美好。當你能夠接受現狀，血清素會開始分泌，它會抑制一部分多巴胺。多巴胺讓人不斷渴望未來，而血清素則讓人活在當下。因此，好的婚姻甚至是好的關係，應該是這樣的：

1. 三十分靠選擇一個適合的人。
2. 三十分靠透過恰當的策略來改變對方。
3. 四十分靠培養對現狀、對人滿意的能力。

如果你對此感到無奈，那是因為你還在渴望一段完美的婚姻。當你的內心一直期待著完美，我突然告訴你「婚姻是不完美的」，你自然會覺得無奈。如果你的心態是：「人生就是該單身一輩子」，這時候突然遇到一能給你三十分陪伴與照顧的人出現，你反而會覺得：「哇，原來人生還可以這樣」，你就會覺得棒極了。

04 親密關係的四個危險性

前面討論了許多關於如何找到、創造「對的人」以及建立良好的親密關係，方法有很多，但真正實踐起來依然是有困難的，因為這些方法的前提是你必須對親密關係有十分的渴望與決心。一旦失去了這個欲望，所有的方法都會變得困難重重。

客觀來說，只要你有足夠的渴望和決心去做一件事，成功的機率是非常大的。然而，潛意識很難讓你變得這麼偏執，淺意識之所以讓你「適可而止」、「淺嘗輒止」，是因為與人親密並不見得是一件絕對有益的事情。如果站在更高的角度來審視親密關係，你會發現你的內在有一個有趣的矛盾：一方面，你渴望與人建立親密關係；另一方面，你又恐懼於進入親密關係。

許多人認為，自己與伴侶之間不夠親密，兩個人可能一整天說不上幾句話，或者交談了也總是話不投機，不知道該怎麼辦。但其實，這樣的情況我覺得很好，因為這可能反映出一個事實：你的潛意識不想要過於親密的關係。可能你不知道，關係不夠親密其實是有好處的，最大的好處就是——輕鬆。

正向的親密感可以帶來滋養，但獲得與維持親密的過程，對你來說可能是非常消耗的。如果你的潛意識判斷親密的性價比太低，那麼你只會選擇象徵性地投入一點努力，不會花太多心思在維繫關係上。這就像金錢一樣，錢是好東西，擁有足夠的金錢讓人感覺安穩（滋養），沒有則會讓人焦慮。但如果得到大量財富的過程太過艱難，人們往往會選擇安於現狀，說著渴望發財，卻不怎麼努力。

比「累」更糟糕的是，親密也是一種危險。當潛意識感受到危險時，人就會傾向於逃離親密，以確保自己的安全。甜甜蜜蜜的親密關係固然美好，但安全在前，人往往會優先將安全放在第一。

我會列舉四種可能讓人逃避親密的危險，先說明這些並非絕對，也不是唯一的風險來源，但的確影響我們對親密關係的態度。

依賴讓人安心，也讓人害怕失去

親密的第一個危險是：親密即依賴，越依賴越危險。

依賴意味著你可以安心、坦然、理所當然地接受一個人對你的好，不會感到誠惶誠恐，不需要想著回報，就像小孩子依賴媽媽一樣。依賴的程度往往是親密度的重要指標，你感受到的親密有多深，你對對方的依賴就有多強。

當聽到「依賴」這個詞時，你的感受是什麼？

許多女生都渴望有人把自己當作小公主來寵愛，但是當真的有人願意把你當小公主對待的時候，你能坦然地、心安理得地接受嗎？同樣地，許多男生期待伴侶像溫柔的母親一樣細心照顧、呵護自己，但是當對方真的滿足了這個需求，你是否能坦然接受？有些人其實是不敢的。

當有人把你當孩子一樣去寵愛的時候，你的內心可能會感到慌張，甚至產生強烈的不安，因為依賴與拋棄密不可分。當你與一個人變得親密，你就會越來越依賴他，越來越習慣他對你的好，也越來越害怕失去他，因為對方擁有了隨時可以拋棄你的資格。

當他在你身邊時，能夠帶給你強烈的安全感，但是當他有一點、任何的變化，比如變冷淡、回應減少，甚至只是比平常少關心你一點，你的不安全感就會瞬間被放大，你就越容易有失控感，這就是親密帶來的第一個危險。

越害怕失去，越想要控制對方

第二個危險是親密即控制，越控制越危險。

你跟一個人越親密，對他的依賴就會越深，進而容易產生患得患失的感覺，甚至會體驗到一種失控感。

當人害怕失控的時候，就會本能地想要抓住對方，也就是透過控制來獲得安全感。因此你會發現，當你跟一個人關係走進之後，你會產生一種自己都難以理解的控制欲，如果對方無法滿足你的這種控制欲，你可能會感到暴躁，甚至大發脾氣。

比如說，嘗試控制對方跟其他異性的關係，控制對方跟他的工作、家人等關係試控制他陪你去逛街、替你做飯、幫你倒水，要求他配合你做許多事情。你可能會覺得，這些要求只是一些簡單的小事，並覺得對方應該配合好，但之所以會有這些要求，是來自於你內心對他的依賴，你試圖透過控制來確認自己對他的重要性。

你也會找一些能說服自己去控制的理由。比如說，你在關係中付出了很多，你希望對方也有同等付出；因為你的世界裡只有他一個人，你就會要求他的世界也只有你；因為你把他當作最重要的人，你就會要求他也把你當成最重要的人。

你對一段感情投入越深，需求就越高，控制欲也就越強，但這樣的行為往往會適得其反。當對方沒有按照你的期待去做時，你可能會變得嘮叨、抱怨，讓對方感覺到心裡被壓迫，他就會想要逃離，而讓關係變得更加不穩定。

強迫完美的心理，讓親密關係變得壓抑

第三個危險是親密即嫌棄，越嫌棄越危險。

嫌棄的本質是瞧不起、看不上、到處找碴。當你越在意一樣東西，就越難忍受它的不完美，這種心理機制在許多方面都能體現，比如：強迫症患者在意的東西特別多，從個人衛生到物品擺放都渴望有一個近乎完美的結果。而當你把精力投入到遊戲等其他興趣的時候，可能反而能忍受家裡的髒亂。所以，家裡的某個人之所以能接受髒亂，是因為他的興趣和精力投入在了別的地方。

換句話說，你越是重視一個東西，你就會變得越挑剔、強迫，越是想把它改造成符合你理想中的樣子。感情也是一樣，你越親近一個人，越在意他，便越容易期待他是完美的。然而，現實是他註定是不完美的，甚至可能與你想像中的範本不同，但這種落差卻會讓你更容易產生挑剔的心理。這種時候，你會開始放大他的缺點，縮小他的優點，甚至到了一個「看不得對方不好」的程度。

這也解釋了一個有趣的現象：人們往往對陌生人寬容，對親密的人卻挑剔。

因為對陌生人來說，他的好壞與你關係不大，你自然不會特別在意，跟你也沒什麼太大關係。對於親密的人來說，他的行為會直接影響你的生活，因此你會不由自主地放大那些讓你不滿意的地方。

適當保持距離，才能讓親密更穩定

第四個危險是親密即脫節，越脫節越危險。

當你在關係中與對方越來越親密，也意味著你把越來越多的時間與精力只投入在這段親密關係中。在極端的情況下，這段關係就會變成一個封閉的系統，彷彿你們相依為命，彼此成為唯一的重心。

當你失去了關注親密關係以外的精力，那些用來經營工作、社交、娛樂等自我發展方面的精力就會受到影響。這種情況在大學時期的熱戀情侶中最常見，兩個人天天膩在一起，不參與朋友聚會，也不認真讀書。

當你沉浸於這種甜蜜的親密感，你會逐漸喪失社會功能，意味著你們跟社會逐漸脫節，進步會變慢，對你的未來是一種損傷。同時，因為你更少與社會連結，你能帶入親密關係中的新鮮話題與體驗就會變少。在你們的封閉世界裡，沒有新鮮感的衝擊，也就意味著很難保鮮。

你不斷將過多的精力專注放在親密關係上，你的世界會變得越來越小，你的需求與期待會不斷增加，會讓另一半感受到壓力，反而使關係變得更容易緊張。最理想的方式是在親密關係中投入百分之三十的精力——這是一個較為平衡的比例，既能維繫感情也能保留空間去發展自己，讓關係維持新鮮感與健康的互動。

獨立與依賴的平衡，決定了親密的深度

既然親密關係帶來這麼多的危險，當然要做些事來拉開距離，避免與人過於親近。你或許已經不自覺地掌握了幾種「保持距離」的方法，還有幾種可以嘗試：

1. 只要享受了一點點對方的好，就立刻「還」回去

當對方對你好，除了接受，還要「還」回去以補償，用「我不欠你」的態度來維持距離感。這是一種成熟而懂事的成人姿態，其實是在防禦內在小孩對親密的渴望。你可能以為，自己不虧欠對方就是一種成熟，但其實對方感受到的是距離感與被推開。

在關係中急著「還」時，這樣的做法也許能讓關係更長久，避免讓對方覺得你貪婪，但是對方很難從你這裡體驗到自己的重要性。真正親密的關係並不是一場「等價交換」，而是因為喜歡這個人而願意對他好、願意付出，而不是因為「想還人情」才對他好、才去付出，如此你們才會達到相互依賴的平衡。

2. 盡可能獨立，不依賴對方

你刻意選擇「能自己做的事情，絕不麻煩對方」，這讓你顯得獨立而能幹，讓你給人的感覺是你不需要別人，因為你很強大，你自己就能搞定，所以讓別人放棄靠近你。你以為不麻煩別人是一種美德，但其實這只是不願放下「成人姿態」，不願接受成為「孩子狀態」，成為被照顧一方的一種防禦機制。

3. 挑剔對方，說服自己不要陷得太深

當關係持續一段時間後，你開始會無意識地挑剔對方、嫌棄對方，用看不上對方的高姿態方式來說服自己不要陷得太深。相處久後，總覺得看對方不順眼，總是幻想是不是有更好的人選，這其實是在說：「不要在這個人身上投入太多。」

這時候，你的心理角色位置變成了一個挑剔的父母，你覺得自己掌握了選擇權與控制感，彷彿對方隨時可以被取代——我想換掉你，我可以隨時換掉你，這樣的感覺卻會讓你遠離真正的親密。

再恩愛的兩個成年人，通常也不會達到最親密的狀態，因為最親密、最舒服的狀態，是理想父母與孩子之間的依賴感。我們從來沒聽過「把你寵成一個大人」這種話，但卻常聽到「把你寵成一個孩子」。如果你不敢讓自己像個孩子一樣放心地依賴對方，那麼你將無法體驗到親密關係的真正本質。

當然，有人會覺得，一直當孩子不是很危險嗎？健康的親密關係，並不是單方面的依賴，而是「互相成為對方的孩子，輪流在關係中被照顧」，這才是成熟而穩定的親密模式。

05 愛的30%來自社會支援系統

愛也需要風險管理

我們需要被愛，需要婚姻，需要感情，但伴侶關係只是人生的一部分，而不是全部。擁有伴侶當然很好，但這並不代表伴侶是絕對必需的人。親密關係應該是錦上添花，而不是雪中送炭，你可以透過建立親密關係獲得百分之三十的被愛需求與滿足感，但不能成為唯一的滿足來源。

當你與伴侶變得越來越親密，你開始把越來越多的時間和精力投入在這段關係上，並試圖從這中獲得大量的滿足感。然而，當你的世界逐漸失衡，當你的心理需求過度依賴單一關係時，這段努力經營的親密關係反而更容易出現問題。

那我們應該怎麼辦呢？很簡單，就是分攤需求。你需要的愛與情感需求不應該只從某個人或某種關係裡獲得。更穩定的做法，是將自己的心理需求分配到不同的領域與人際關係中，這樣才能建立真正的安全感，也更容易獲得滿足。

就像投資一樣，分攤風險始永遠是重要的，例如不要把雞蛋放在同一個籃子裡，不要把籃子放在同一輛車裡，不要把車同一時間開出來。在外在世界，你需要進行資產管理、工作專案的風險管理；而在內在世界，你的被愛需求同樣需要風險管理。

建立多元連結，分攤你的情感需求

愛的另外一個主要來源是社會，除了伴侶和親密關係，我們也應該從社會獲得愛與支持。一個人不僅屬於家庭，更屬於社會，而社會關係包含各種人際關係（朋友、同事、上司、客戶、網友、旅伴、同學、陌生人、商家、諮詢師、鄰居等）與生活領域（工作、美食、旅遊、健身），凡是能安撫你、讓你感到充實的事物，也都屬於社會支援系統的一部分。

當你在社會層面獲得的滿足感越多，你對親密關係的渴望就會越少。比如說，當你在工作中大放光彩，獲得許多成就感與價值感，每天都有許多人關注你、欣賞你、崇拜你，與你交流，這時候你在親密關係中對「被認可」的需求就會大大降低。當伴侶批評你時，你不會覺得受傷，因為你知道很多人覺得你很棒，反而會覺得「他只是看不清我的價值」。

再比如，當你擁有許多可以吐槽、傾訴的好友，可以得到很多好友給你的一堆理解和建議的時候，你就會發現你對伴侶的理解需求就不會那麼強烈。想像一下，如果你有一個無話不說的智囊團，無時無刻都能理解你、與你共情，你還會那麼渴望伴侶的理解嗎？

有些人可能會認為，外面的關係取代不了親密關係。是的，我同意，社會支援不能完全取代親密關係，但它可以「分攤」親密關係的壓力。

你確實無法透過與朋友、同事、共同興趣朋友的連結，滿足一些更深層的親密需求，但較為日常的情感需求——被重視、被關心、被認可、被接納、被理解——是可以被分攤的，可以從許多不同的管道獲得的。

如果你能從工作、興趣、事業之中找到巨大的意義來源，你甚至可能不需要親密關係。例如牛頓、達文西、諾貝爾等人，將全部心力投入探索與創造，認為婚姻只是麻煩。當然，我不是鼓勵你成為這種人，天才確實是比較極端一點的，普通人更適合的是綜合且均衡的愛。

在不同關係滿足不同需求，關係才能更平衡

這裡有一類人是例外，他們的情感需求無法從社會中獲得滿足，因此無法透過社會來

分攤親密關係的壓力。這類人有一個共同特徵：他們害怕給別人添麻煩，所以在社會上習慣了討好，表現得非常和善、禮貌、得體、優秀，戴上一副無懈可擊的社會面具，讓自己看起來人畜無害。這是因為，他們不相信自己在外面也是可以被愛的，所以只能選擇偽裝自己。

然而，他們內心的需求不會因此消失，只會全數被壓抑到親密關係中。這類人有個典型的特徵，叫做「窩裡橫」——在外人面前總是寬容有禮，回到家裡卻對親近的人苛刻要求。他們將所有被關心、被理解、被重視、被認可的需求全數壓在伴侶身上，由於這些需求過於強烈，他們無法成熟表達，只能回到小時候習慣的模式，透過指責、冷漠、威脅、賣慘等方式來索取。過度的需求加上攻擊性的表達方合，伴侶自然會崩潰。

這種人其實並不少見，為什麼會有這樣的極端反差呢？因為在潛意識裡，外人是「他人」，家人則是「自己人」。你默認外人沒有義務為你付出，你很清楚要得到外人的愛，要努力表現得優秀、寬容，以換取接納與好感。但在家人面前，你默認他們有義務對你付出，所以你只要發脾氣、施加壓力就可以索取愛。

這類人將外人視為「索取者」，認為自己不得罪他們就已經很棒了，將家人視為「付出者」，期待家人能無條件滿足自己。在生活中，多數人都有自己的工作、朋友，也有娛樂，但是他們都跟這些東西保持著一定距離，不從這些地方獲得心理滿足，不從這裡面尋找理解、支持、安慰、鼓勵，這種心態讓許多人變成了「戀愛腦」——過度依賴親密關係，期待伴侶能夠提供百分之百的心理滿足，因為這樣簡單、省力，不必辛苦在外經營其他社會連結。

其實，你身邊的每個人都可以幫助你分擔情感需求。父母可以分擔一部分，伴侶分擔一部分，朋友分擔一部分，同事分擔一部分，甚至孩子也可以成為你情感上的支持。當你的需求被不同人分攤時，你們之間彼此需要，但不會過度索取，關係也會維持在一個適度的親密狀態，就不會讓任何一方感到疲憊、壓抑或不舒服。

真正平衡的親密關係，不是讓一個人滿足你所有需求，而是學會「分攤」不同的情感需求。比如理解，工作中的困惑可以向同事尋求理解，親密關係的矛盾可以找朋友傾訴，朋友間的矛盾則可以向伴侶尋求安慰——理解是需要分攤的。

比如陪伴，總是讓伴侶陪自己逛街、玩遊戲或者做你想做的事，容易讓彼此關係變得緊張。但如果你與閨蜜一起逛街、唱歌、吃飯、做瑜伽，與兄弟釣魚、打遊戲、創業，這樣的陪伴會更健康、自然，也讓彼此的親密關係減少壓力。

為什麼有些人無法從社會獲得足夠的支持呢？他們認為工作就是工作，職場不是尋找愛的地方。其實，工作正是一個展現自我價值、獲得認可與尊重的舞臺。他們覺得「大家都很忙，誰會在乎我的事情？」但事實是，人類天生會對他人的困難、苦難感興趣。

當一個陌生人向我們訴苦，我們也會忍不住表達同情、理解和安慰，更何況是你認識的人呢？

只要你願意發出聲音、願意求助，總會有人願意支持、愛你。如果你感覺不到社會的愛，不是因為這個世界沒有愛，而是因為你封閉了自己，不相信世界的善意，也不相信自己值得被愛。

被愛的三三四法則

我們對於被愛的需要，不應該只從親密關係或婚姻中獲得，更不應該只依賴一個人來滿足。長期將所有情感需求集中在伴侶身上是有風險的，而社會支援系統正是幫助我們分攤這些需求的重要來源。當你的注意力被分散，你的親密關係就不會是你的硬性需求，與伴侶的相處也會變得更加輕鬆自然。

你可能會想：「如果可以從這麼多地方獲得心理滿足，那我還需要親密關係嗎？」

注意，親密關係不是人生的全部，但它依然重要。這不是要走極端，不是說你獲得了社會支援就可以完全不需要伴侶。即使你學會了從社會獲取情感滿足，遺憾的是，社會能給你的支持是有限的。你的朋友、父母、孩子雖然能在某些時候滿足你的需要，但這部分只占了百分之三十，有些需求則只有伴侶才能滿足，而伴侶關係和社會關係加起來，最多只能滿足你百分之六十的心理需求。

除了伴侶與社會，最重要的愛是來自於你與自己的關係。健康的被愛需求分配應該是這樣的：百分之三十來自伴侶，百分之三十來自社會，剩下的百分之四十是你需要自己愛自己，這就是被愛的「三三四法則」。

聽到這裡，如果你感到絕望：「為什麼親密關係不能滿足我百分百的需要？」那是因為你對親密關係抱有完美的幻想，但親密關係本身就是不完美的，而這種不完美是我們需要接受的現實。

當你真正接受並相信親密關係最多只能滿足你百分之三十的時候，你會發現整個世界變得和諧許多。這樣一來，親密關係中的兩個人都能輕鬆許多，不必承擔過多的壓力。

06 愛的40％來自自我支援系統

自己滿足自己才是最穩定的

無論你多麼渴望被愛、需要對方，很遺憾，對方很多時候就是無法滿足你的需求。無論你的理由多麼充分、請求多麼正當，很遺憾，對方仍然可能無法按照你的期待去做。無論你的方式多麼溫柔或強硬，多麼智慧或巧妙，對方可能依舊不會改變。

只要你把自己的需求寄託在對方身上，就必須面對一個無法避免的風險：你的需求，有時候無法被滿足。

當你嘗試過各種方法以從他人身上獲取滿足感，卻一次次遭遇失落之後，那麼你可以思考一個更根本的方案，那就是學會自己滿足自己，也就是你需要發展的自我支援系統。

許多人聽到「自己滿足自己」時，會感到無力、孤獨、壓力大，覺得這太困難了。他們可能會問：「自己滿足自己和別人給的滿足，能一樣嗎？我也可以買禮物給自己、替自己做飯，可以關心、愛護自己，可是這跟他為我做的能一樣嗎？」

是的，確實不一樣。有時候，別人給的就是特別香——被人請吃飯就是比自己買單吃飯更香；別人送的禮物，就是比自己買的更有驚喜感；被人照顧，就是比自己照顧自己來得更暖心。但問題是，這種滿足並不穩定。

別人的愛，終究是需要付出相應的代價才能得到，而且即使當下得到了，最終你也會發現沒那麼穩定，對方隨時都有可能拿走。人為什麼會在關係裡體驗到憤怒？不就是因為曾經願意滿足你的那個人，此刻卻不願意滿足了，你便開始感到失落與憤怒了嗎？

自己滿足自己，才是最穩定、最可控、最持久的支撐。

學會提升內在承受力

現在我們嘗試換個角度來看待痛苦。在關係中，你所體驗到的痛苦可以用一個簡單的公式來表達：痛苦＝刺激－承受力。

表面上來看，痛苦似乎是由外在刺激引起的，但其實另一個決定痛苦程度的重要因素，是你的承受力。當你的承受力大於外在刺激時，你可以消化這些刺激，不會感受到痛苦；但當你的承受力不足，痛苦便會逐漸累積。

在關係裡，當你能改變他人時，就去改變，這樣可以降低他人帶給你的刺激，減少你的痛苦。但當你無法改變他人，無法控制外在刺激時，唯一能做的就是增加自己的承受力——你越是能承受刺激，你體驗到的痛苦就越少。

增加自己承受力的方式很簡單，就是問自己：「此刻，我可以做什麼讓自己舒服一點？」讓自己舒服，是解決一切矛盾、一切情緒困境的終極答案。

當你感到痛苦時，試著採取行動，讓自己稍微好受一些。例如：如果被上司批評，你感到很難過、委屈，你可以做什麼讓自己好受一些呢？你可以選擇吃一頓美食、去逛街購物、去公園散步、喝點小酒、去唱歌、做運動、去睡覺、去跳舞等，可以去做任何你想做的事，重要的是，此刻做什麼可以讓你舒服或開心一些。

通常，我會選擇讀書。當我感到挫折時，我會讀關於價值感的書；當失戀時，我會去讀關於兩性情感的書；當我在乎的人不回應我時，我會讀哲學怎麼講孤獨，從中去找出答案。我有很多學員也是如此，他們說在不開心的時候就聽我的課，睡不著很焦慮的時候、被另外一半氣到的時候，就聽我的課。

有些人可能覺得，在情緒低落時，好像什麼都做不了。這時候，你可以選擇一些最簡單、能讓自己平靜的方式，例如深呼吸來穩定自己。我有一些朋友會在不開心的時候抄佛經，他們說這樣能讓自己平靜，我覺得也很好。

這些方法能徹底解決痛苦嗎？當然不能。

你的痛苦來自於外在刺激，吃飯、唱歌、喝酒、運動、讀書、聽課，無法改變那些讓你痛苦的事情，但這些方法可以緩解痛苦、安撫自己。不是要讓你瞬間開心、興奮或裝作若無其事，轉換心情不是動手術，切割去除就沒事了，而是讓你找到一種方式，讓當下的狀態稍微好一點、能承受更多的痛苦，讓你有能力撐過這段難熬的時刻。

確立內在自我感，儲存快樂能量

平時注意心情的保養，對於提升情緒耐受力至關重要。

你會發現，當你狀態好的時候，較少與人計較，狀態差的時候，卻容易被小事激怒。好的狀態才是解決一切問題的終極答案，當你的狀態越穩定，對矛盾的耐受力就越高，外界的問題也就越不容易影響你，而你的狀態，來自於你日常對自己的保養。

當你有時間時，可以去購物、旅行、聽音樂、跳舞、培養各種愛好、運動、找朋友聊天等，盡可能去做一些讓自己真正喜歡、熱愛、開心的事情。這麼做有兩個重要的意義：

首先，這些活動本身會讓你開心，並將這份開心儲存在心裡，在你遇到不開心的事情時，它們能發揮作用，幫助你抵銷負面情緒。例如，白天被上司稱讚了，晚上回家即使被伴侶責罵，你的耐受力也會增加；白天買了心儀的衣服，晚上看到孩子調皮，你的包容度也會增加；前一天晚上與心儀對象有了美好時光，第二天即使在工作中受到冷眼，也比較能夠一笑置之。

其次，這些活動幫助你確立內在的自我感。當你開始做自己真正想做的事情，就會感受到自己是重要的，也會更懂得如何珍惜、重視自己。當你的自我感變得穩固，在面對不開心的時候，你會更容易選擇尊重自己，而不是讓外界的影響主導你的情緒。除此之外，還可以進行更深層次的自我保養。

你可以去學習如何安撫自己的情緒，瞭解並處理心理創傷，提升心理韌性。你可以閱讀有關情緒管理的書籍或參加相關課程，這種方式可以幫助你快速瞭解自己的創傷點。你也可以尋求專業心理諮詢師，或參加成長型工作坊，幫助你探索內在模式，瞭解自己尚未消化的心理創傷。

當這些過去的傷口透過諮商或自我探索獲得療癒之後，你容易被人激發的敏感點會越來越少，心理韌性也會變得更強，你的心情不再輕易受到外界影響。

我講的所有內容，你都可以忘記，只需要記住兩件事來愛自己：

此刻，我可以做什麼，讓自己感覺好一些？

平時，我可以做什麼，讓自己更開心一些？

這就是愛自己訓練的開始，也是愛自己最重要的核心練習。

07 更深的愛自己

學會好好愛自己

上一節我們談到簡單的自我安撫方法，以提升對他人刺激的承受力。但現在，我們可以從更深層的角度思考：是什麼導致你的承受力下降？又是什麼讓你對他人的刺激如此敏感呢？答案是——你不夠愛自己。

你之所以這麼在意別人的行為，往往是因為你早已無數次地對自己做過相同的事，所以別人做了這個行為，你就會無法承受。你介意別人否定你，因為你已經在內心否定了自己千萬次；你討厭別人控制你，但其實你對自己的控制更深千百倍；你害怕被忽視，但你對自己的忽視比任何人都更嚴重。當你自己已經對自己造成了無數次的傷害，別人稍微再做一點，你就承受不了了。

每個人內心都有一個承受傷害的容器，當你自己先把它裝滿了，就沒有空間承受來自他人的傷害。因此，愛自己的訓練方法就是轉換人稱，找回內在的愛，即觀察你對自己有哪些不好的地方，然後停止這個行為。要改變這種狀態，你可以嘗試這個簡單的步驟：

1. 找到你的「被傷害感」

問自己：「我覺得自己被對方怎麼對待了？」用被如何如何來概括。例如，被否定、被指責、被嫌棄、被忽視、被控制……或者用不被如何如何來表達，例如不被關心、不被尊重、不被重視……

2. 轉換人稱

問自己：「你覺得自己被對方○○了，我對自己做過這些事嗎？」

你有否定過自己嗎？你有忽視過自己嗎？你有嫌棄過自己嗎？你有對自己過於苛責嗎？你有不關心、不重視自己的時候嗎？

3. 找方法，學習愛自己

問自己：「在平時，我可以做什麼來增加內心愛的容量？」

我可以怎麼肯定自己？我可以怎麼關心自己？我可以怎麼減少對自己的指責？我可以怎麼讓自己感受到更多的尊重與重視？

當你開始愛自己，你的內心就會變得更有韌性，更能耐受來自外界的不被愛。

讓內心的認可感變得更強大

一個同學說：「我老公總是挑剔我，他會挑剔我碗洗得不乾淨，地板拖得不夠乾淨，孩子沒有好好教。我非常憤怒，我覺得既然不滿意，那你來做啊。你憑什麼什麼都不做還東挑西挑！」

我們試著來轉化一下。

1. 找到不被愛的感受

他感受到的不被愛來自被挑剔、被否定、不被認可。

假設老公改不了了，他就是一個愛挑剔的人，那麼我們來思考，這位同學為什麼對老公的挑剔如此敏感？為什麼他這麼在意挑剔老公的挑剔行為？其實，是因為他對自己也有很多挑剔，所以當老公挑剔他時，他的內在就難以承受。

2. 找到自己對自己的挑剔

這位同學是一名家庭主婦，他深深地為自己無法到社會上工作而感到自卑，覺得自己與社會脫節，認為自己沒有能力、沒有勇氣回歸職場，因此經常挑剔自己。這時候對他來說，做家務、帶孩子是他獲取價值感的主要來源。當老公挑剔他的家務和育兒方式時，無疑對他原本就低落的自我價值感是更沉重的打擊。

他其實早已在內心否定了自己無數次，而老公的挑剔就成為了壓死他的最後一根稻草。這時候，他對自己無能為力的那份憤怒就全部轉移到了老公身上。換句話說，是他先對自己進行全面的自我否定，才無法承受老公的否定。

我發現很多人都是這樣，很多人都特別介意伴侶嫌棄自己，卻沒有意識到，他們自己才是最先嫌棄自己的人。他們希望伴侶認可自己，但自己卻很難認可自己。

這也是很有趣的地方：一方面嫌棄自己，另一方面又希望伴侶不要嫌棄自己。這樣即使對方不嫌棄你，甚至稱讚你，你真的能感受到嗎？這一點微弱的外在認可，能抵消掉你內心強烈的自我嫌棄嗎？

3. 找愛自己的方法

現在發現了自己挑剔自己的地方，第一步就是停止這種自我否定，學會要去認可自己的這些方面。試著想像：當這位同學覺得自己很棒，覺得自己其實有能力回歸社會，全職主婦也是一種職業，他的貢獻並不比在外打拚的伴侶少，自己在家務、育兒方面的努力都是值得肯定的，他會覺得自己其實已經做得很好了。這時候，當他老公再挑剔他時，他還會有那麼強烈的感受嗎？

方法就是：多讀書、多學習，提升自己的生存技能，並認可全職主婦是自己的選擇，這個選擇比工作更有價值。

不勉強自己，才是真正的體諒

有一位同學覺得，自己為孩子、家庭付出了很多，但老公卻總是玩手機、看電視，不僅不體諒他，還會經常和他吵架。

他不被愛體驗來自於被忽視，不被體諒。

我和他一起去找他是否也忽視自己、不體諒自己的證據。我問他：「你希望老公體諒你，那你有體諒自己嗎？當你覺得辛苦、在自我犧牲的時候，你會體諒自己的辛苦嗎？你是選擇停下來休息，還是把事情放在比自己更重要的位置，告訴自己應該堅持繼續做？」

然後我們發現，這位同學其實從來不體諒自己。他的內心充滿各種「應該」：孩子應該被好好照顧、父母不應該對孩子發脾氣、地板應該保持乾淨、家人應該在家裡吃飯、早上送孩子上學不應該遲到、逢年過節應該對父母與親戚禮數周全……

這些「應該，從道理上來看都是對的，但不是所有對的事情都應該去做，更不是所有「應該」的事都能做得完。人有可能把所有應該做的事都做完，把應該做好的事都做好嗎？

人之所以是人，而不是神，就是因為人是有局限性的。這些局限性來自於兩個方面：第一個是有些事情即使拼盡全力也做不到，第二個是有些事情少做一點沒問題，但做多了會累、會煩、會不舒服。

第一個局限性人們比較容易接受，第二個侷限性有的人就很難接納，而這位同學就是無法接納自己的體力有所局限，總是在勉強自己去做又累又煩、超出負荷的事情，一點都不體諒自己的辛苦。

但他的老公卻完全不同，老公很快就接受了自己的體力局限，從不勉強自己去做不喜歡的事。老公無法理解他的辛苦——因為他從來不讓自己辛苦，而這位同學也無法理解老公的愉悅，因為他從不敢放下那些「應該」去追求輕鬆愉悅。

所以，老公不是故意不體諒他的辛苦，而是根本無法理解他的辛苦，而老公的體諒與否真的不重要，重要的是這位同學從來體諒自己的辛苦。

那怎麼樣才算體諒自己的辛苦呢？就是問自己這個問題：「你的輕鬆與愉悅更重要，還是把所有『應該做的事』都做完更重要？」

你每天在自我犧牲的時候，你體諒自己的辛苦嗎？你是把自己的感受放在第一位呢，還是把做事情放在第一位，自己辛不辛苦你也覺得無所謂？

想被尊重，先學會尊重自己

有的人希望在伴侶關係中能夠被尊重，希望老公能重視自己的意見。我更想問的是：你有尊重自己的意見嗎？如果你想得到別人的尊重，首先要學會尊重自己，並堅持自己的意見。

當你的需求與他人的需求產生衝突時，你通常會選擇滿足誰的需求？

我見過很多在婚姻中渴望被尊重的人，其實最先輕視自己的人就是他們自己。當他們的利益與公婆、伴侶、親戚發生衝突時，第一個妥協、放棄的往往是自己。在日常生活中也是如此，每當與別人產生利益衝突時，第一個妥協的永遠是自己。如果你自己都不尊重自己，又怎麼能指望別人來尊重你呢？

還有一些人對於伴侶不回應自己感到憤怒，這時候我會問：「你曾經對自己做過什麼不回應自己的事嗎？」

比如說，你有認真聽過你的身體需求嗎？你可以回應自己的身體嗎？當身體感到寒冷時，你會及時添加衣物；當肚子餓了，你會主動去吃飯、進食；當你感到疲憊時，你會允許自己馬上去休息。

這些看起來與伴侶回應自己沒什麼關係，但其實當你長期忽視自己的身體（需求），你就會對伴侶的不回應格外敏感。雖然此刻你可能無法得到伴侶的回應，但你可以先去試著回應自己能回應的需求，讓自己感受到被尊重和重視。

當你開始愛自己，世界才會真正看見你

最後，我想總結以及強調一下，愛自己的重要方式就是：你希望別人不要對你做的事情，你也別對自己做；你希望別人為你做的事情，你要先為自己做。當你能夠這樣對待自己，你面對他人無法給予時，承受力就會變得更大。

為什麼你的承受力那麼弱？還有一個重要原因是你從小到大，一直在被剝奪。你得到的愛不僅很少，有時候還得去給父母很多愛，這讓你的內心更加匱乏。所以你需要心疼自己，你要知道，是因為小時候的你太缺愛了，長大後才會想從別人身上找補償。

有位同學回憶起他小時候不被體諒的故事：他說，有一次他推著很重的小麥去集市賣，努力地吆喝，希望能有人買。他不停地攔住來往的人，但大家都嫌小麥發芽了不好，結果都沒賣出去。那天晚上，他只能推著滿滿的小麥回家，雖然沒有成功賺錢，但這一天下來他已經累壞了。可是媽媽卻說：「你怎麼這麼沒本事，整天光吃不幹活。」「光吃」、「不幹活」，代表媽媽完全忽視了他有多努力、多麼賣力地想把這些小麥賣出去。他小時候真的很努力、很能幹，想用「能幹」來換取媽媽的注意，但還是失敗了。

我問他：「你心疼那時候的自己嗎？」聽到這個問題，他忍不住大哭起來。

他終於看到了那個被忽視、被要求、努力想證明自己的小小身影，這就是我們的內在小孩——小時候沒有被滿足的需求會一直匱乏，即使我們已經長大成人，內心仍然渴望彌補小時候的自己能夠被滿足，即他一直以來都有一個幻想：「只要我夠能幹，就能被看見。」「如果沒被看見，那一定是我不夠能幹。」

我又問他：「你還會想向老公索取嗎？」

他搖搖頭說：「不要了。我決定自己體諒自己，自己心疼自己。不想收拾碗筷就不去做，老公讓我做我可以拒絕；不想早起幫孩子做早餐，就讓老公去做。我會學著跟孩子說『去找爸爸』，而不是總是跟老公說『你為什麼看不見我？』」沒人心疼我，最起碼我要學會心疼自己。」

這一刻，他變得強大了。雖然在人群中，他依然平凡，依然不被重視、不被看見、不被體諒、不被愛，但在他自己的世界裡，他是最重要的那個人。他可以看見自己、體諒自己、愛自己。

你也是一樣的，現在的你，已經和小時候不一樣了。

你可以選擇為自己做更多事情，你可以選擇不再委屈自己，你可以選擇慢慢療癒過去的傷痕。

如果可以，請開始學會愛自己。

如果可以，也可以參加一些相關的課程，幫助自己更好地走向療癒之路。

思考如何愛自己

1. 對方做了什麼讓你不開心的事？
2. 此刻你體驗到的情緒和傷害有哪些？
3. 此刻你想到身邊哪些人可以訴說或求助，具體怎麼做？
4. 此刻你可以做什麼，讓自己的狀態好受一些？
5. 平時你可以多做什麼，「保養」自己的心情？
6. 你覺得多做這些事，你會有什麼變化？
7. 此刻，你感覺他是如何對待你的？有哪方面是對方沒有依照你的期望對待你的？
8. 你的生活裡，對自己做過哪些類似的這樣的事？
9. 你可以做什麼停止傷害自己，開始愛自己？
10. 當你對自己做這些後，你會怎麼看待對方做的這件事？
11. 這個過程你的感覺是什麼？

高寶書版集團
gobooks.com.tw

NW 299
你愛自己的方式，定義了別人愛你的樣子：相知相愛是關係幸福的起點，心理諮詢師帶你脫離不健康的相處模式，找回愛自己與愛他人的能力

作　　者　叢非從
主　　編　林子鈺
責任編輯　高如玫
封面設計　之一設計
內頁排版　賴姵均
企　　劃　陳玟璇
版　　權　張莎凌

發 行 人　朱凱蕾
出　　版　英屬維京群島商高寶國際有限公司台灣分公司
　　　　　Global Group Holdings, Ltd.
地　　址　台北市內湖區洲子街 88 號 3 樓
網　　址　gobooks.com.tw
電　　話　（02）27992788
電　　郵　readers@gobooks.com.tw（讀者服務部）
傳　　真　出版部（02）27990909　行銷部（02）27993088
郵政劃撥　19394552
戶　　名　英屬維京群島商高寶國際有限公司台灣分公司
發　　行　英屬維京群島商高寶國際有限公司台灣分公司
法律顧問　永然聯合法律事務所
初版日期　2025 年 03 月

國家圖書館出版品預行編目（CIP）資料

你愛自己的方式，定義了別人愛你的樣子：相知相愛是關係幸福的起點，心理諮詢師帶你脫離不健康的相處模式，找回愛自己與愛他人的能力 / 叢非從著 . -- 初版 . -- 臺北市：英屬維京群島商高寶國際有限公司台灣分公司，2025.03
　面；　公分 .--

ISBN 978-626-402-199-9(平裝)

1.CST: 自我肯定　2.CST: 自我實現
3.CST: 人際關係　4.CST: 生活指導

177.2　　114001611